학교폭력으로 고민하는 학생·학부모·업무담당자를 위한
알기 쉽게 정리한 학교폭력 판례
김은옥

BOOKK

알기 쉽게 정리한 학교폭력 판례

발   행 | 2023년 04월 28일
저   자 | 김은욱
펴낸곳 | 주식회사 부크크
출판사등록 | 2014.07.15.(제2014-16호)
주   소 | 서울 금천구 가산디지털1로 119, SK트윈타워 A동 305호
전   화 | 1670-8316
이메일 | info@bookk.co.kr
가   격 | 22,000원

ISBN | 979-11-410-2663-9

www.bookk.co.kr
ⓒ 김은욱 2023

학교폭력으로 고민하는 학생·학부모·업무담당자를 위한

알기 쉽게 정리한
학교폭력 판례

김은욱 지음

CONTENT

제 4 장 인 권 위 원 회 결 정 례

저자 소개

법학 박사수료 및 행정학 박사과정

국립대학법학연구소에서 법학연구원, 공기업에서 소송 및 감사·조사 등 법무행정 업무, 대통령직속 행정위원회에서 국가기본계획 수립지원 및 법령입안 업무, 중앙행정기관 대상 또는 광역지방자치단체간의 분쟁조정 업무를 담당하였다.

필자의 주요 연구 분야는 분쟁조정과 공공갈등관리이다. 사법적 해결은 그 시간과 비용이 만만치 않고 해당 사안의 문제가 해결되는 것이 아니라 누가 잘못했는지 결정하는 결과만 있을 뿐이므로 같은 문제가 간헐적으로 발생하는 경우가 대부분이다.

분쟁조정은 양 당사자가 신뢰할 수 있는 기관을 통하여 신속하고 공정하게 해당 사안의 문제뿐만 아니라 양 당사자의 입장을 까지 고려하여 대안 제시하는 제도로 당사자 모두 Win-Win할수 있을 뿐 아니라 사회적 비용 절감과 불필요한 갈등을 제어하므로 우리사회에 필요한 제도이다.

현재 필자는 학교폭력에 문제와 실태에 대해 조사하여 학교폭력 피·가해학생이 학교폭력대책심의위원회라는 준사법적 해결방안 보다 학교와 학생이라는 특수한 관계에 적합한 조정방안을 연구하고 있다.

들어가는 말

학교폭력 관련 판례들이 비체계적인 형태로 산재하여 있어 활용도 제고를 위하여 주요판례 중심으로 정리하였다.

일반적인 판례집은 시험공부를 위해 편집되어 단편적인 판결요지만 정리하는 경우가 많아 법학자 또는 법조인이 아닌 이상 어떠한 이유 때문에 이러한 결론이 나왔는지 알지 못하여 판례를 활용하기 어려움이 있었다. 이에 이 책은 판결문 전체적인 내용을 유지하되 목차 구성을 재정립하여 알기 쉽게 정리하였다.

이 책은 심의위원회의 불복절차인 행정소송만을 다룬 것이 아니라 학교폭력과 관련된 민사소송, 형사소송을 함께 다뤄 학교폭력 사안에 대해 각 법원(행정, 민사, 형사법원 등)의 기준을 확인할 수 있고 판례를 통해 학교폭력의 유형과 피해의 정도에 따라 어느 정도의 처분이 이뤄질지 유추할 수 있을 것이다.

또한, 심의위원회의 결과에 대해 불복을 고려하는 경우 사법부가 어떤 기준으로 학교폭력을 바라보고 있는지 확인하여 승소하기 어려운 사안에 대해 불필요한 시간과 비용이 낭비되지 않을 수 있다. 그리고 나홀로 행정심판 또는 소송을 진행하는 경우 본 사례집의 판례를 근거로 활용할 수 있어 유용하게 사용할 수 있다.

마지막으로 책 구성은 대법원, 지방법원 주요판례 중심으로 행정, 형사, 민사로 판결을 분류하였고 학교폭력 관련 인권위원회 결정문을 추가로 넣어 판결과 함께 인권에 대해서도 참고할 수 있도록 구성하였다.

판결문 구성은 앞에서 말한바와 같이 기존 판결문의 내용을 그대로 유지할 수 있도록 하여 그 사안에 대해 어떤 전황이 있었는지 이해하기 쉽게 구성하였으며, 바쁜 현대인을 위해 판결문의 요약 내용을 포함하여 전체적인 내용을 읽지 않고도 빠르게 어떤 판결문인지 이해를 돕고자 노력하였다.

다만, 각 판결문 마다 세부적인 구성이 달라 목차 구성이 통일적이지 않으며, 요약이 필요 없거나 복잡다난하여 오해의 소지가 있을 수 있는 판결문에 대해서는 별도의 판례 요약 내용을 구성하지 않았다.

작가의 생각

 드라마, 언론 등으로 인해 학교폭력에 대한 관심이 대단하다.
그러나 막상 학교폭력으로 신고를 하거나 신고를 당했을 경우 어
떻게 대처해야하는지 모르는 사람이 많을 것이다.

 나의 자녀가 학교폭력의 가해 또는 피해학생이 되었을 때 부
모님의 마음은 어떤 마음일까? 일상이 바빠, 삶에 여유가 없어
우리아이에게 소홀했던 자신을 뒤돌아보며 미안한 생각과 함께
아이를 지켜야 한다는 마음에 주변을 살피지 않고 학교 또는 교
육청에 찾아가 이전 까진 누구에게도 소리를 질러 본적 없이 살
아 왔을 나인데... 좋은 것이 좋은 것이라며 살아왔던 나인데....
자녀를 지켜야 한다는 마음에 누군가에게 상처를 주거나 미움 받
을 행동을 서슴없이 할 수 있는 것이 부모의 마음일 것이다.

 먹고 싶은 것, 입고 싶은 것, 친구들은 일 년에 한 번씩 다녀
오는 해외여행도 가지 않고 우리아이의 장래를 위해 아껴왔던 돈
을 아무런 미련 없이 법조인을 선임하는데 사용할 수도 있다.

 앞에서 말한 방법은 옳고 그름을 떠나 부모라면 누구나 할 수
있는 행동이다. 다만 학교폭력은 서두른다고 해서 절대 좋은 결
과가 도취되는 것이 아니다. 정확히 절차를 이해하고, 학교폭력

대책심의위원회(이하 '심의위원회')의 판단 기준과 특정 가해행위에 대해 어느 결과가 나올지 예상할 수 있다면 필요에 맞는 적절한 대응을 할 수 있는 것이다. 예를 들어 본다면 「학교폭력예방 및 대책에 관한 법률」 제17조 제1항에서는 가해학생 조치에 대해 규정되어 있고 1호, 2호, 3호의 경우 1회에 한정하여 생활기록부 조건부 유예라고 하여 생활기록부에 기재하지 않으며, 2회의 경우에만 생활기록부에 기재된다.

생활기록부에 기재된 가해학생 처분 중 경미한(1호~3호)의 경우 졸업과 즉시 삭제이며, 4호 이상 처분의 경우에는 원칙적으로는 졸업일로부터 2년 후 삭제이지만 졸업 직전 학교 내 학교폭력 전담기구에서 심의를 열어 삭제 여부를 결정할 수 있다.

생활기록부에 기재되지 않는 상황이거나 대입 또는 취업에 큰 영향을 주지 않는 시점이라면 과잉 대응하기 보단 자녀가 남은 학교생활을 유익하게 보낼 수 있고 본인의 잘못을 인정하고 반성하는 마음을 가질 수 있게 하여 올바르게 성장할 수 있도록 방안을 찾는 것이 더 나을 것이다.

예를 들어 본다면 일상생활에서 무단투기하거나 무단횡단을 하게 되어 행정청으로부터 과태료를 받았다고 가정해보자 과태료 때문에 우리는 법조인의 조력을 받지는 않는다. 이 판례집은 본인 또는 자녀의 행위가 어느 정도의 처분을 받을 것인지 유추하여 합리적이고 이성적인 판단을 지원할 것이며, 만약이라도 절차 상하자 또는 불공정한 심의가 진행되었을 경우 대처할 수 있는 지식을 제공할 것이다.

부언으로 우리나라는 다양한 갈등관리 및 분쟁조정을 위한 제도가 마련되어 있다. 학교폭력의 경우에도 분쟁조정위원회 및 관계회복프로그램이 있다. 특히, 관계회복프로그램의 경우 각 교육청 마다 운영하는 방법이 조금씩 차이는 있으나 학교라는 특수한 공동체에 부합하는 조정제도라고 생각된다.

특히 관계회복은 학교폭력 원인 행위만을 대상으로 하는 것이 아니라 왜? 아이들이 싸우게 되었고 감정이 상하게 되었을까? 하는 궁극적인 원인을 해결하는 제도이며, 관계회복 대화모임을 통해 각자의 감정을 상대방에게 전달하므로 가해학생에게는 자신의 행동으로 인해 상대방이 얼마나 아픔을 알 수 있게 되어 자신의 행동을 되돌아 볼 수 있는 기회를 제공하고 피해학생에게는 자신의 피해를 상대방에게 전달하므로 자신의 자존감을 회복할 수 있는 기회를 제공받을 수 있다.

즉, 관계회복프로그램을 통해 학교폭력의 원인을 해소하고 우리아이가 갈등에 대해 건전하게 대처할 수 있는 힘을 키울 수 있는 기회를 제공하는 것도 학교폭력에 대해 대처하는 또 다른 방법일 것이다.

제1장 행정소송 판례

[행정] 서울지방법원2018나2068422
징계무효확인

> **[판례 요약]**
> 초·중등 사안은 아니나, 대학교에서 발생한 사안으로 사과문 게재 등의 공개사과는 헌법에서 보장하는 기본권의 한 분류인 양심의 자유를 침해한 것으로 인정한 사례

Ⅰ. 법원의 결정

1. 제1심판결 중 원고에 관한 부분을 취소한다.
2. 피고가 2017. 10. 19. 원고에게 한 봉사명령 200시간, 공개 사과문 게재의 징계처분은 무효임을 확인한다.
3. 원고와 피고 사이의 소송 총비용은 피고가 부담한다.

Ⅱ. 판결이유

1. 제1심판결의 인용

이 법원이 이 사건에 관하여 설시할 이유는, 제1심판결 제7쪽 박스 내부 제15행의 "①"을 "②"로, 제9쪽 제4행의 "구성된다"

를 "구성한다"로, 제12쪽 표의 둘째 줄 첫째 칸의 "⑩"을 "⑪"로, 셋째 줄 첫째 칸의 "⑪"을 "⑩"으로, 제12쪽 표 아래 본문 제2행의 "⑩"을 "⑪"로 각 고치고, 제1심판결 중 징계재량권 일탈.남용에 관한 당사자의 주장 및 이에 관한 판단 부분[2-가-3)항, 2-나-3)항, 3-다항 부분]을 아래 제2항과 같이 고쳐 쓰는 외에는 제1심판결 중 원고에 관한 그것과 같으므로, 민사소송법 제420조 본문에 의하여 이를 그대로 인용한다(제4항 결론 부분 제외).

2. 고쳐 쓰는 부분(징계재량권 일탈.남용 여부에 관한 판단) 가. 당사자의 주장

원고는, 이 사건 징계처분 중 공개사과문 게재 명령(이하 '이 사건 공개사과명령'이라고 함)이 OO대학교 학생상벌에 관한 규정(이하 '이 사건 상벌규정'이라고 함)에 근거가 없고, 원고의 양심의 자유를 침해하며, 봉사명령 200시간 및 이 사건 공개사과명령이 포함된 이 사건 징계처분이 원고의 행위에 비하여 과중한 것이어서, 이 사건 징계처분은 재량권을 일탈.남용한 경우에 해당하여 무효라고 주장한다. 이에 대하여 피고는, 원고에 대한 이 사건 징계처분이 교육적 차원에서 이루어진 것이므로 적법하다고 주장한다.

3. 판단

학생에 대한 징계처분이 교육적 재량행위라는 이유만으로 사법심사의 대상에서 당연히 제외되는 것은 아니고(대법원 1991. 11. 22. 선고 91누2144 판결 참조), 학생에 대한 징계권의 발동이나 징계의 양정이 재량권의 일탈·남용에 해당할 경우에는 위법하여 무효라고 보아야 한다.

그런데 이 사건 징계처분 중 공개사과명령은 아래 열거한 것과 같은 이유로 법령상 피고에게 주어진 재량권의 한계를 벗어나서 위법하므로 무효이다. 그리고 이 사건 공개사과명령이 무효인 이상 민법 제137조 본문에 따라 원고에 대한 이 사건 징계처분은 전부가 무효라고 보아야 한다. 왜냐하면, 피고에게는 징계 양정에 관하여 재량권이 인정되므로, 법원으로서는 이 사건 징계처분이 재량권의 일탈·남용으로 무효인지 여부만 판단할 수 있을 뿐, 법원이 적정하다고 인정하는 부분을 초과한 부분만의 일부무효를 선언할 수는 없고, 피고로 하여금 징계재량권을 다시 행사하도록 하는 것이 타당할 것인바, 피고가 이 사건 공개사과명령이 무효임을 알았더라면 그 부분이 없더라도 이 사건 징계처분의 나머지 부분인 봉사명령 200시간의 징계처분만 하였을 것이라고 단정할 수는 없기 때문이다.

① 고등교육법 제13조 제1항은 "학교의 장은 교육상 필요하면 법령과 학칙으로 정하는 바에 따라 학생을 징계할 수 있다."고 규정하면서도 징계의 종류에 관하여는 아무런 규정을 두지 않고 있다. 그런데 갑 제3호증의 기재에 의하면, 이 사건 상벌규정 제

5조는 학생에 대한 징계의 종류를 7일 이상 1월 미만의 근신, 1월 이상 3월 이하의 유기정학, 3월 초과의 무기정학 및 퇴학으로 구분하면서, 개전의 정이 있다고 판단될 경우 봉사명령을 처분할 수 있다고 규정하고 있을 뿐, 공개사과문 게재 명령을 징계의 종류로 규정하지 않고 있는 사실을 인정할 수 있는바, 이 사건 상벌규정은 징계의 종류를 한정적으로 열거하고 있는 것으로 보아야 한다. 따라서 이 사건 징계처분 중 고등교육법 및 이 사건 상벌규정에 근거가 없는 이 사건 공개사과명령은 법률과 학칙에위반하여 무효이다.

한편 ○○대학교 성희롱·성폭력 방지 및 처리에 관한 규정 제20조 제4호, 제21조 제3항은 성희롱 고충심의위원회 위원장이 징계가 의결된 가해자에 대하여 '비공개 사과문, 반성문 및 각서'의 조치를 병행할 수 있다고 규정하고 있으나, 이는 성희롱 고충심의위원회 위원장의 조치에 관한 규정일 뿐, 고등교육법 및 학칙에 따라 학교의 장이 행하는 징계의 근거규정이 아니고, 설령 위 규정이 징계처분의 근거규정이 된다고 하더라도 비공개가 아닌 공개사과문 게재는 위 규정에도 포함되어 있지 아니하므로, 위 규정이 이 사건 공개사과명령의 근거가 될 수는 없으며, 만약 위 규정에 따른 조치에 이 사건 공개사과명령과 같은 징계처분이 포함되어 있다고 해석한다면, 위 규정은 뒤에서 보는 바와 같이 비례의 원칙에 위반하여 양심의 자유를 과도하게 제한하는 것이어서 무효이므로, 이에 기한 이 사건 공개사과명령도 무효라고 보아야 할 것이다.

   그리고 학교폭력예방 및 대책에 관한 법률 제17조 제1항 제1
호, 제4항은 학교의 장이 학교폭력대책자치위원회의 요청이 있거
나 학교폭력 가해학생에 대한 선도가 긴급하다고 인정할 경우에
가해학생에 대하여 '피해학생에 대한 서면사과'의 조치를 할 수
있다고 규정하고 있으나, 위 법률 조항이 서면사과를 명령 또는
강제하는 것까지 허용하는 것으로 해석될 수 있는지 여부는 별론
으로 하고, 위 법률은 초.중등교육법에 따른 학교 내외에서 발생
한 학교폭력에 적용되는 것이어서(학교폭력예방 및 대책에 관한
법률 제2조 제1호, 제2호) 이 사건 징계처분의 근거가 될 수 없
다. ② 헌법상 기본권은 제1차적으로 개인의 자유로운 영역을 공
권력의 침해로부터 보호하기 위한 방어적 권리이지만 다른 한편
으로 헌법의 기본적인 결단인 객관적인 가치질서를 구체화한 것
으로서, 사법을 포함한 모든 법 영역에 그 영향을 미치는 것이므
로 사인 간의 사적인 법률관계도 헌법상의 기본권 규정에 적합하
게 규율되어야 한다.

   다만 기본권 규정은 그 성질상 사법관계에 직접 적용될 수 있
는 예외적인 것을 제외하고는 관련 법규범 또는 사법상의 일반원
칙을 규정한 민법 제2조, 제103조 등의 내용을 형성하고 그 해
석기준이 되어 간접적으로 사법관계에 효력을 미치게 된다(대법
원 2010. 4. 22. 선고 2008다38288 전원합의체 판결, 2018. 9.

13. 선고 2017두38560 판결 등 참조).

헌법 제19조는 "모든 국민은 양심의 자유를 가진다."라고 하여 양심의 자유를 기본권의 하나로 보장하고 있는바, 여기의 양심이란 세계관·인생관·주의·신조 등은 물론, 이에 이르지 아니하여도 보다 널리 개인의 인격형성에 관계되는 내심에 있어서의 가치적·윤리적 판단도 포함된다고 볼 것이다. 그러므로 양심의 자유에는 널리 사물의 시시비비나 선악과 같은 윤리적 판단에 국가가 개입해서는 안 되는 내심적 자유는 물론, 이와 같은 윤리적 판단을 국가권력에 의하여 외부에 표명하도록 강제받지 않는 자유 즉 윤리적 판단사항에 관한 침묵의 자유까지 포괄한다고 할 것이다(헌법재판소 1991. 4. 1. 선고 89헌마160 결정).

그런데 이 사건 공개사과명령은 비행을 저질렀다고 믿지 않는 피징계자에게 비행을 자인할 것을 강요하고(따라서 불리한 진술을 강요당하는 것과 같은 결과가 될 수 있고, 공개사과문이 민·형사소송에서 비행을 부인하는 피징계자에게 불리한 증거로 사용되는 부작용을 초래할 수도 있음), 스스로 인정하거나 형성하지 아니한 윤리적·도의적 판단을 외부에 표시할 것을 강제하는 것으로서, 침묵의 자유의 파생인 양심에 반하는 행위의 강제금지에 저촉되는 것이며,
따라서 헌법이 보호하고자 하는 정신적 기본권의 하나인 양심의 자유를 제한하는 것이다.

나아가서 비록 공개사과문 게재 명령이 피해자의 피해를 회복하고 가해자인 피징계자자의 반성을 촉구하기 위한 교육적 목적에 기한 것으로서, 그 목적을 달성하기 위한 적절한 수단이 될 수 있다고 하더라도, 그것은 피징계자의 양심의 왜곡.굴절 내지 이중인격형성을 강요하는 것으로서 양심의 자유에 대한 제한의 정도가 매우 크고, 공개사과문 게재 명령이 아니더라도 피징계자가 징계를 받았다는 객관적인 사실을 공표함으로써 피징계자의 양심의 자유를 덜 제한하면서도 피징계자에 대한 반성의 촉구와 피해자의 피해 회복이라는 소기의 목적을 달성할 수 있는 수단을 충분히 상정할 수 있으므로, 최소침해의 원칙에 어긋난다.

따라서 자신의 행위가 징계사유에 해당한다고 믿고 있지 않을 뿐만 아니라 잘못을 반성하거나 피해자에게 사과할 뜻이 전혀 없는 원고에 대한 이 사건 공개사과명령은 비례의 원칙에 위반하여 양심의 자유를 침해하는 것으로서, 학생에 대한 징계의 요건 및 한계를 규정하고 있는 고등교육법 제13조 제1항 소정의 '교육상 필요성'을 인정할 수 없으므로 징계재량권의 한계를 벗어난 것이다.

3. 결론

그렇다면 원고의 청구는 이유 있으므로 이를 인용하여야 한다. 제1심판결 중 원고에 관한 부분은 이와 결론을 달리 하여 부당하므로 이를 취소하기로 하여 주문과 같이 판결한다.

[행정]창원지방법원 2016구합1040 처분취소

[판례 요약]

고등학교 1학년인 원고가 피해학생의 가슴을 몇 차례 때리고 밀었다는 이유로 전학조치 등의 처분을 받았으나, 가해 정도, 원고 부모의 선도 다짐 및 원고의 반성, 급우들의 선처호소, 전학으로 인한 새로운 학교(종전학교는 특성화 고등학교인 반면 새로운 학교는 인문계 고등학교)에 적응하지 못하고 있는 점 등을 고려하여 전학조치가 재량권을 일탈하거나 남용한 것으로 판단한 사례

Ⅰ. 법원의 결정(주문)

1. 피고가 2016. 7. 19. 원고에게 한 전학조치 처분을 취소한다.
2. 소송비용은 피고가 부담한다.

Ⅱ. 원고의 주장(청구취지)

주문과 같다.

Ⅲ. 판결이유

1. 처분의 경위

가. 원고는 2016. 7.경 C고등학교 1학년에 재학 중이었던 학생이다.

나. C고등학교 학교폭력대책자치위원회는 2016. 7. 18. 원고가 피해학생에게 몇 차례(2016. 4. 28. 피해학생의 가슴 쪽을 2-3 대 때림, 2016. 6. 17. 피해학생을 밀침, 2016. 7. 11. 피해학생의 가슴 쪽을 1대 때림) 학교폭력을 행사였다는 이유로 '전학조치, 학생 및 학부모 특별 교육이수 5시간'의 조치를 의결하였고, 피고는 2016. 7. 19. 원고에게 위와 같은 의결 결과를 통보하였다(이하 '이 사건 처분'이라 한다).

다. 원고는 2016. 7. 21. 경상남도교육청 학생징계조정위원회에 재심을 청구하였으나, 경상남도교육청 학생징계조정위원회는 2016. 8. 11. 재심청구를 기각하였다.

라. 원고는 2016. 9. 1. 경상남도교육청 행정심판위원회에 행정심판을 청구하였으나, 경상남도교육청 행정심판위원회는 2016. 10. 14. 심판청구를 기각하였다.

2. 이 사건 처분의 적법 여부

가. 원고의 주장

원고는 잘못된 행동을 저질렀음을 인정하고 다시는 학교폭력 행위를 하지 않겠다고 깊이 반성하고 있는 점, 원고 부모도 원고를 잘 지도하겠다고 다짐하고 있고, 원고의 학교 친구들도 원고에게 선처를 바란다는 탄원서를 제출하고 있는 점 등에 비추어 보면 이 사건 처분은 공익실현의 목적보다 원고가 입게 될 불이익이 너무 커 재량권을 일탈·남용한 것으로 부당하다.

나. 판단

1) 학교폭력예방 및 대책에 관한 법률(이하 '법'이라 한다) 제17조 제1항, 법 시행령 제19조에 의하면, 법 제17조 제1항에 따른 조치를 취할 때에는 가해학생이 행사한 학교폭력의 심각성·지속성·고의성, 가해학생의 반성 정도, 해당 조치로 인한 가해학생의 선도가능성, 가해학생 및 보호자와 피해학생 및 보호자 간의 화해의 정도, 피해학생이 장애학생인지 여부 등을 고려하여 결정하여야 한다.

2) 살피건대, 갑 제6 내지 8호증의 각 기재(가지번호 있는 것은 가지번호 포함) 및 변론 전체의 취지에 의하여 인정되는 다음과 같은 사정들에 비추어 보면, 이 사건 처분은 이를 통해 달성하고자 하는 피해학생의 보호, 가해학생의 선도 및 교육 등 공익목적에 비하여 원고의 불이익이 지나치게 과도하여 재량권의 범위를 일탈하거나 남용한 것이라고 봄이 상당하다.

가) 교육전문가인 학교의 장이 교육목적과 내부질서 유지를 위하여 징계조치한 것은 최대한 존중되어야 하지만, 징계사유와 징계조치 사이에 사회통념상 허용되는 적절한 균형이 요구되므로 피고의 징계조치도 그 한도에서 재량권의 한계가 있다. 피고

는 피해학생과 가해학생 모두를 지도·교육하는 지위에 있으므로,
피해학생을 보호하여 더 이상의 피해를 보지 않도록 할 의무가
있을 뿐 아니라 가해학생을 선도·교육하여 건전한 사회구성원으
로 육성할 의무가 있으므로, 원고와 같은 가해학생에 대해서도
인격적으로 성숙해가는 과정에 있는 학생임을 감안하여 최대한
교육적인 방법으로 선도할 책무가 있다.

나) 원고가 행한 학교폭력과 피해학생이 입은 신체적·정신
적 피해가 결코 가볍다고 할 수 없다. 그러나 그 강도나 정도가
심각한 수준은 아니었던 것으로 보이고, 원고가 잘못을 깊이 뉘
우치고 반성하고 있고, 원고의 부모도 원고를 잘 지도하겠다고
다
짐하고 있으며, 원고의 학급 친구들도 원고에게 선처를 바란다
는 탄원서를 제출하고 있어 원고가 교정이 불가능한 학생이라고
단정하기 어렵다. 오히려 학교가 적절한 방법으로 원고를 교육
하고 선도해 나간다면 자신의 잘못을 깊이 뉘우치고 피해학생에
대해서도 진심으로 사과하는 등 성숙한 인격을 갖춘 학생으로
성장할 가능성이 있다.

다) 이 사건 처분은 법 제17조 1항이 가해학생에 대한 조
치로 규정하고 있는 9가지 조치 중 두 번째로 무거운 조치로서,
위 조항은 그보다 가벼운 조치로 제7호의 학급교체, 제6호의 출
석정지, 제4호의 사회봉사, 제3호의 학교에서의 봉사 등을 규정

하고 있는데, 위와 같은 조치를 하더라도 가해학생인 원고를 선도하고 교육하고자 하는 학교폭력예방법의 목적을 달성하는 데에 충분한 것으로 보인다.

라) 원고는 이 사건 처분에 따라 2016. 12. 5. D고등학교로 전학조치가 되었는데, C고등학교는 상업정보과, 미용예술과, 토탈뷰티과, 인터넷비즈니스과로 구성된 특성화고등학교인 반면, D고등학교는 일반 인문계 고등학교로서 원고가 학교생활의 적응에 어려움을 겪고 있고, 원고의 진로나 통학 소요 시간 등을 고려하더라도 D고등학교로의 전학조치는 적절하지 않은 것으로 보인다.

3. 결 론

그렇다면 원고의 청구는 이유 있으므로 이를 인용하기로 하여, 주문과 같이 판결한다.

[행정] 서울지방법원2018나2068422
징계무효확인

> **[판례 요약]**
>
> 초·중등 사안은 아니나, 대학교에서 발생한 사안으로 사과문 게재 등의 공개사과는 헌법에서 보장하는 기본권의 한 분류인 양심의 자유를 침해한 것으로 인정한 사례

Ⅰ. 법원의 결정(주문)

1. 제1심판결 중 원고에 관한 부분을 취소한다.
2. 피고가 2017. 10. 19. 원고에게 한 봉사명령 200시간, 공개사과문 게재의 징계처분은 무효임을 확인한다.
3. 원고와 피고 사이의 소송 총비용은 피고가 부담한다.

Ⅱ. 판결이유

1. 제1심판결의 인용

이 법원이 이 사건에 관하여 설시할 이유는, 제1심판결 제7쪽 박스 내부 제15행의 "①"을 "②"로, 제9쪽 제4행의 "구성된다"를 "구성한다"로, 제12쪽 표의 둘째 줄 첫째 칸의 "⑩"을 "⑪"

로, 셋째 줄 첫째 칸의 "⑪"을 "⑩"으로, 제12쪽 표 아래 본문 제2행의 "⑩"을 "⑪"로 각 고치고, 제1심판결 중 징계재량권 일탈·남용에 관한 당사자의 주장 및 이에 관한 판단 부분[2-가-3)항, 2-나-3)항, 3-다항 부분]을 아래 제2항과 같이 고쳐 쓰는 외에는 제1심판결 중 원고에 관한 그것과 같으므로, 민사소송법 제420조 본문에 의하여 이를 그대로 인용한다(제4항 결론 부분 제외).

2. 고쳐 쓰는 부분(징계재량권 일탈·남용 여부에 관한 판단) 가. 당사자의 주장

원고는, 이 사건 징계처분 중 공개사과문 게재 명령(이하 '이 사건 공개사과명령'이라고 함)이 ○○대학교 학생상벌에 관한 규정(이하 '이 사건 상벌규정'이라고 함)에 근거가 없고, 원고의 양심의 자유를 침해하며, 봉사명령 200시간 및 이 사건 공개사과명령이 포함된 이 사건 징계처분이 원고의 행위에 비하여 과중한 것이어서, 이 사건 징계처분은 재량권을 일탈·남용한 경우에 해당하여 무효라고 주장한다. 이에 대하여 피고는, 원고에 대한 이 사건 징계처분이 교육적 차원에서 이루어진 것이므로 적법하다고 주장한다.

3. 판단

학생에 대한 징계처분이 교육적 재량행위라는 이유만으로 사법심사의 대상에서 당연히 제외되는 것은 아니고(대법원 1991. 11.

22. 선고 91누2144 판결 참조), 학생에대한 징계권의 발동이나 징계의 양정이 재량권의 일탈·남용에 해당할 경우에는 위법하여 무효라고 보아야 한다.

그런데 이 사건 징계처분 중 공개사과명령은 아래 열거한 것과 같은 이유로 법령상 피고에게 주어진 재량권의 한계를 벗어나서 위법하므로 무효이다. 그리고 이 사건 공개사과명령이 무효인 이상 민법 제137조 본문에 따라 원고에 대한 이 사건 징계처분은 전부가 무효라고 보아야 한다.

왜냐하면, 피고에게는 징계 양정에 관하여 재량권이 인정되므로, 법원으로서는 이 사건 징계처분이 재량권의 일탈·남용으로 무효인지 여부만 판단할 수 있을 뿐, 법원이 적정하다고 인정하는 부분을 초과한 부분만의 일부무효를 선언할 수는 없고, 피고로 하여금 징계재량권을 다시 행사하도록 하는 것이 타당할 것인 바, 피고가 이 사건 공개사과명령이 무효임을 알았더라면 그 부분이 없더라도 이 사건 징계처분의 나머지 부분인 봉사명령 200시간의 징계처분만 하였을 것이라고 단정할 수는 없기 때문이다.

① 고등교육법 제13조 제1항은 "학교의 장은 교육상 필요하면 법령과 학칙으로 정하는 바에 따라 학생을 징계할 수 있다."고 규정하면서도 징계의 종류에 관하여는 아무런 규정을 두지 않고 있다. 그런데 갑 제3호증의 기재에 의하면, 이 사건 상벌규정 제

5조는 학생에 대한 징계의 종류를 7일 이상 1월 미만의 근신, 1월 이상 3월 이하의 유기정학, 3월 초과의 무기정학 및 퇴학으로 구분하면서, 개전의 정이 있다고 판단될 경우 봉사명령을 처분할 수 있다고 규정하고 있을 뿐, 공개사과문 게재 명령을 징계의 종류로 규정하지 않고 있는 사실을 인정할 수 있는바, 이 사건 상벌규정은 징계의 종류를 한정적으로 열거하고 있는 것으로 보아야 한다. 따라서 이 사건 징계처분 중 고등교육법 및 이 사건 상벌규정에 근거가 없는 이 사건 공개사과명령은 법률과 학칙에위반하여 무효이다.

한편 ○○대학교 성희롱.성폭력 방지 및 처리에 관한 규정 제20조 제4호, 제21조 제3항은 성희롱 고충심의위원회 위원장이 징계가 의결된 가해자에 대하여 '비공개 사과문, 반성문 및 각서'의 조치를 병행할 수 있다고 규정하고 있으나, 이는 성희롱 고충심의위원회 위원장의 조치에 관한 규정일 뿐, 고등교육법 및 학칙에 따라 학교의 장이 행하는 징계의 근거규정이 아니고, 설령 위 규정이 징계처분의 근거규정이 된다고 하더라도 비공개가 아닌 공개사과문 게재는 위 규정에도 포함되어 있지 아니하므로, 위 규정이 이 사건 공개사과명령의 근거가 될 수는 없으며, 만약 위 규정에 따른 조치에 이 사건 공개사과명령과 같은 징계처분이 포함되어 있다고 해석한다면, 위 규정은 뒤에서 보는 바와 같이 비례의 원칙에 위반하여 양심의 자유를 과도하게 제한하는 것이어서 무효이므로, 이에 기한 이 사건 공개사과명령도 무효라고 보아야 할 것이다.

그리고 학교폭력예방 및 대책에 관한 법률 제17조 제1항 제1호, 제4항은 학교의 장이 학교폭력대책자치위원회의 요청이 있거나 학교폭력 가해학생에 대한 선도가 긴급하다고 인정할 경우에 가해학생에 대하여 '피해학생에 대한 서면사과'의 조치를 할 수 있다고 규정하고 있으나, 위 법률 조항이 서면사과를 명령 또는 강제하는 것까지 허용하는 것으로 해석될 수 있는지 여부는 별론으로 하고, 위 법률은 초.중등교육법에 따른 학교 내외에서 발생한 학교폭력에 적용되는 것이어서(학교폭력예방 및 대책에 관한 법률 제2조 제1호, 제2호) 이 사건 징계처분의 근거가 될 수 없다. ② 헌법상 기본권은 제1차적으로 개인의 자유로운 영역을 공권력의 침해로부터 보호하기 위한 방어적 권리이지만 다른 한편으로 헌법의 기본적인 결단인 객관적인 가치질서를 구체화한 것으로서, 사법을 포함한 모든 법 영역에 그 영향을 미치는 것이므로 사인 간의 사적인 법률관계도 헌법상의 기본권 규정에 적합하게 규율되어야 한다.

다만 기본권 규정은 그 성질상 사법관계에 직접 적용될 수 있는 예외적인 것을 제외하고는 관련 법규범 또는 사법상의 일반원칙을 규정한 민법 제2조, 제103조 등의 내용을 형성하고 그 해석기준이 되어 간접적으로 사법관계에 효력을 미치게 된다(대법원 2010. 4. 22. 선고 2008다38288 전원합의체 판결, 2018. 9.

13. 선고 2017두38560 판결 등 참조).

    헌법 제19조는 "모든 국민은 양심의 자유를 가진다."라고 하여
양심의 자유를 기본권의 하나로 보장하고 있는바, 여기의 양심이
란 세계관.인생관.주의.신조 등은 물론, 이에 이르지 아니하여도
보다 널리 개인의 인격형성에 관계되는 내심에 있어서의 가치적.
윤리적 판단도 포함된다고 볼 것이다. 그러므로 양심의 자유에는
널리 사물의 시시비비나 선악과 같은 윤리적 판단에 국가가 개입
해서는 안 되는 내심적 자유는 물론, 이와 같은 윤리적 판단을
국가권력에 의하여 외부에 표명하도록 강제받지 않는 자유 즉 윤
리적 판단사항에 관한 침묵의 자유까지 포괄한다고 할 것이다(헌
법재판소 1991. 4. 1. 선고 89헌마160 결정).

    그런데 이 사건 공개사과명령은 비행을 저질렀다고 믿지 않는
피징계자에게 비행을 자인할 것을 강요하고(따라서 불리한 진술
을 강요당하는 것과 같은 결과가 될 수 있고, 공개사과문이 민.
형사소송에서 비행을 부인하는 피징계자에게 불리한 증거로 사용
되는 부작용을 초래할 수도 있음), 스스로 인정하거나 형성하지
아니한 윤리적.도의적 판단을 외부에 표시할 것을 강제하는 것으
로서, 침묵의 자유의 파생인 양심에 반하는 행위의 강제금지에
저촉되는 것이며, 따라서 헌법이 보호하고자 하는 정신적 기본권
의 하나인 양심의 자유를 제한하는 것이다.

나아가서 비록 공개사과문 게재 명령이 피해자의 피해를 회복하고 가해자인 피징계자자의 반성을 촉구하기 위한 교육적 목적에 기한 것으로서, 그 목적을 달성하기 위한 적절한 수단이 될 수 있다고 하더라도, 그것은 피징계자의 양심의 왜곡.굴절 내지 이중인격형성을 강요하는 것으로서 양심의 자유에 대한 제한의 정도가 매우 크고, 공개사과문 게재 명령이 아니더라도 피징계자가 징계를 받았다는 객관적인 사실을 공표함으로써 피징계자의 양심의 자유를 덜 제한하면서도 피징계자에 대한 반성의 촉구와 피해자의 피해 회복이라는 소기의 목적을 달성할 수 있는 수단을 충분히 상정할 수 있으므로, 최소침해의 원칙에 어긋난다.

따라서 자신의 행위가 징계사유에 해당한다고 믿고 있지 않을 뿐만 아니라 잘못을 반성하거나 피해자에게 사과할 뜻이 전혀 없는 원고에 대한 이 사건 공개사과명령은 비례의 원칙에 위반하여 양심의 자유를 침해하는 것으로서, 학생에 대한 징계의 요건 및 한계를 규정하고 있는 고등교육법 제13조 제1항 소정의 '교육상 필요성'을 인정할 수 없으므로 징계재량권의 한계를 벗어난 것이다.

3. 결론
그렇다면 원고의 청구는 이유 있으므로 이를 인용하여야 한다. 제1심판결 중 원고에 관한 부분은 이와 결론을 달리 하여 부당하므로 이를 취소하기로 하여 주문과 같이 판결한다.

[행정] 서울행정법원 2013구합59613
출석정지처분 등 취소

[판결 요지]

행정절차법 제3조 제2항, 같은 법 시행령 제2조 제8호는 '학교, 연수원 등에서 교육, 훈련의 목적을 달성하기 위해 학생, 연수생 등을 대상으로 행하는 사항'에 대하여는 행정절차법 적용이 제외된다고 규정하고 있으나, 이는 그 성질상 행정절차를 거치기 곤란하거나 불필요하다고 인정되는 처분 등의 경우에만 행정절차법 적용이 배제된다는 취지로 보아야 함. 학교폭력 가해학생에게 출석 정지 등을 명한 이 사건 처분의 경우 처분의 이유제시 등을 규정한 행정절차법 제23조 제1항의 적용이 배제된다고 볼 수 없음.

이 사건 처분서, 즉 '학교폭력대책자치위원회 회의 결과 통보서'에는 원고가 어떠한 학교폭력행위를 하였는지 전혀 기재되어 있지 않음. 학교폭력대책자치위원회 회의 중 원고가 행한 학교폭력 행위가 기재된 '학생사안보고서'를 구두로 읽어 준 것만으로는 원고가 향후 행정절차에서 다툴 수 있을 정도로 그 내용을 숙지하였다고 볼 수 없고, 그 밖에는 원고에게 처분 사유가 기재된 문서를 교부한 바 없음.

그렇다면 피고는 이 사건 처분을 하면서 이유 제시를 하지 아니하였고, 원고와 법정대리인은 그로 인하여 학교폭력을 구성하는 원고의 각각의 행위를 명확하게 알지 못하여 이 사건 처분에 불복하여 행정구제절차로 나아가는 데에 지장이 있었다고 판단됨. 따라서 이 사건 처분은 행정절차법 제23조 제1항을 위반한 것으로서 위법함.

Ⅰ. 법원의 결정

1. 피고가 2013. 4. 24. 원고에 대하여 한 '서면사과, 출석정지 10일, 특별교육 5일(학부모 특별교육 5시간)' 처분을 취소한다.
2. 소송비용은 피고가 부담한다

Ⅱ. 판결이유

1. 처분의 경위

가. 원고는 ##중학교 2학년 5반에 재학 중인 학생이다.

나. 한●●(이하 '피해학생'이라 한다)은 원고와 같은 반에 재학 중인데, 초등학교 4학년 때인 2009년 학습장애로 진단받고, 중학교 입학시 특수교육대상자로 선정된 학생이다. 피해학생은 지능지수가 매우 낮고, 또래에 비하여 체구가 작고 말랐으며 시력이심하게 좋지 않아 안경을 쓰고 있고, 비염이 심해 콧물을 흘리고 다니는 등의 특징이 있다.

다. ##중학교 학교폭력대책자치위원회(이하 '자치위원회'라 한다)는 2013. 4. 22.16:30경 원고를 비롯하여 12명의 학생이 피해학생에게 학교폭력을 행사하였다는 사안으로 자치위원회 회의를 개최하여, 원고에 대하여 학교폭력예방 및 대책에 관한 법률(이하 '학교폭력예방법'이라 한다) 제17조 제1항에 따라 서면사과(제1호), 출석정지 10일(제6호) 및 특별교육 5일(학부모 특별교육 5시간)을 실시할 것을 의결하였다.

라. 위 학교의 장인 피고는 2013. 4. 24. 위 의결에 따라 원고에 대하여 '서면사과,출석정지 10일, 특별교육 5일(학부모 특별교육 5시간)'의 처분(이하 '이 사건 처분'이라한다)을 하였다.

2. 이 사건 처분의 적법 여부

가. 원고의 주장

(1) 실체적 하자

자치위원회 회의 당시 원고가 행한 학교폭력 행위라고 제시되었던 행위 중 일부는 원고가 실제 한 행동이 아니고, 일부는 학교폭력예방법상 '학교폭력'에 포섭되지않는 행동이다. 더욱이 학생들이 '공통'으로 저지른 것이라고 제시되었던 여러 행위는 원고와 무관함에도 그러한 사항이 원고의 행위로 오인되어 이 사건 처분이 이루어진 것으로 보인다. 나아가 자치위원회에서 제시되었던 원고의 행위를 기준으로 보더라도, 원고가 집단적으로 고의를 가지고 지속적으로 피해학생을 폭행하였다고 볼 수 없고, 이는 피해학생이 또 다른 장애아인 변□□을 괴롭히는 것을 말리는 과정 등에서 이루어진 우발적인 행위에 불과하다. 위와 같은 사정에 원고가 잘못을 깊이 반성하고 있고, 피해학생의 부모가 원고에 대한 처벌불원의사를 밝히고 있는 점 등 제반 사정을 더하여 보면, 이 사건 처분은 학교폭력 사안이 아님에도 사실을 오인하여 이루어졌거나 사안에 비하여 원고에게 지나치게 가혹하여 재량권을 일탈·남용한 위법이 있다.

(2) 절차적 하자

(가) 교육과학기술부가 발행한 학교폭력사안 대응기본지침 중 '학교폭력발생사안처리절차(갑 제12호증)'에 의하면, 학교폭

력발생시 가해·피해학생 부모에게 통지하고 조사결과에 대해 부모에게 알리고 향후 처리절차 등에 대해 통보하도록 되어 있음에도, 피고는 원고 등 학부모에게 '학교폭력 사안'이라는 통지를 하지 아니한 절차적 잘못이 있다.

(나) 피고는 이 사건 처분을 하면서 출석정지 등 원고가 받아야 할 조치만이 기재되어 있는 '학교폭력대책자치위원회 회의결과 통보서(갑 제2호증)'라는 제목의 문서를 보냈을 뿐, 어떤 사유에서 어떤 근거로 이 사건 처분이 이루어졌는지 아무런 이유를 제시하지 않았다. 따라서 이 사건 처분에는 행정절차법 제23조 제1항 소정의 이유제시 의무를 위반한 위법이 있다.

나. 인정사실

다음 각 사실은 당사자 사이에 다툼이 없거나 갑 제1 내지 5, 8 내지 11, 14호증, 을 제1 내지 4, 9 내지 13, 27호 증의 각 기재에 변론 전체의 취지를 종합하면 이를 인정할 수 있다.

(1) 2013. 4. 9. 2교시 쉬는 시간에 피해학생이 자신이 맞은 사실을 교무실에 와서 알렸고, 같은 날 점심시간에도 교실 앞에서 남학생 여러 명이 피해학생을 때리고 있다는 신고가 있자, 피해학생에 대한 학교폭력 조사가 시작되었다.

(2) 위 학교 교사들은 원고를 비롯하여 가해학생으로 지목된

학생들을 대상으로여러 차례 진술서를 작성케 하였는데, 위 각 진술서는 대체로 원고를 비롯한 여러 학생들이 새 학기 시작 후 한 달가량 피해학생의 뺨을 때리고 괴롭혔다는 내용이 담겨있었다. 피고는 2013. 4. 11. 원고가 최종적으로 작성한 아래와 같은 내용이 포함된 진술서 사본을 원고의 부에게 전달케 하여 학부모 의견 및 확인을 받아 오도록 하였고, 이에 원고의 부 이**는 위 진술서 사본 말미에 '원고에게 친구들과 잘 지낼 수 있도록주의 주겠습니다"라고 기재하여 이를 돌려보냈다. 『△△와 내(원고)가 ●●이(피해학생)의 뺨을 2~3대 쳤었고, 내가 ●●이의 손을 잡고동규와 ●●이를 서로 때리게 부추겼다. 음악시간 수업 중 영상을 보고 있을 때 ●●이에게 영상을 보라 했는데 ●●이가 장난으로 말을 하였고 내가 그걸 못 참고 ●●이 뺨을 때렸었다. ●●이가 □□이에게 욕하는 걸 봐서 내가 그만하라고 했는데 나한테 '뭐이 시발놈아, 나대지마'라고 하여 내가 ●●이에게 달려가 ●●이의 뺨을 2대 정도 때린 적도 있었다. 그리고 수업시간 때 내가 ●●이 물건을 들었다 놨다 하며 장난을 쳤고 음악시간에 ●●이 발을 툭툭 치고, 아니면 발을 살살 밟았었다.』

(3) 피고는 2013. 4. 15.경 자치위원회 회의를 개최하기로 한 후, 2013. 4. 17. 위이**를 비롯한 가해학생의 부모들에게 휴대폰 문자메시지로 자치위원회 회의 개최사실을 통보하였고, 2013. 4. 19. 다시 원고를 통하여 2013. 4. 22. 오후 4:30에 자

치위원회회의가 개최되니 참석하여 의견진술을 하라는 내용의
안내서를 보냈다.

(4) 2013. 4. 22. 원고와 그 부 이**가 출석한 가운데 자치
위원회 회의가 개최되었다. 먼저 ##중학교 소속 교사가 아래와
같은 내용의 '사안보고서'를 읽어 주었고, 이에 대하여 가해학생
들의 응답이 있었는데, 원고는 다른 가해학생들과 마찬가지로
'사실과 다른 것이 없다'는 취지로 답하였다. 이후 가해학생들과
참석한 학부모들의 의견 진술 시간이 있었고, 자치위원회 위원
들의 논의를 거쳐 앞서 본 바와 같은 의결이 이루어졌다.

(5) 이후 피고는 2013. 4. 24. 원고에게 별지 '학교폭력대책
자치위원회 회의 결과통보서' 기재와 같이 원고에 대한 조치내
용만이 담겨 있는 통보서를 보냈다.

라. 판단

(1) 실체적 하자 주장에 관하여

위 인정사실, 특히 학생사안보고서에 기재된 원고의 행위에
부합하는 내용의원고 및 다른 가해학생, 목격자들이 작성한 진
술서 내용에다가, 원고가 자치위원회 회의 당시 부 이**가 출석
한 상태에서 '학생사안보고서의 내용에 사실과 다른 것이 없다'
는 취지의 답변을 한 점 등에 의하면, 원고는 학생사안보고서에
원고의 행위라고 기재된 대로 상당기간 다른 가해학생과 공동으

로 또는 다른 학생들의 가해행위에 편승하여 피해학생의 뺨을 때리는 등 피해학생을 괴롭혀 왔음을 쉽게 인정할 수 있다. 위 학생사안보고서상 공통사항은 그 비고란의 내용이나 그 밑에 원고의 행위가 따로 기재되어있는 서식 체계에 비추어 볼 때, 공통사항의 기재내용 모두가 원고가 행하였다고 오인케 할 만한 기재라고 보기 어렵고, 이는 집단적으로 피해학생에게 학교폭력이 있었음을 나타내는 기재라고 보인다. 결국 원고의 위와 같은 행위는 학교폭력예방법 제2조 제1호 소정의 '학교폭력'이라고 보는 데 어려움이 없다.

나아가 ① 원고의 피해학생에 대한 학교폭력 행위는 단순히 일회적이고 우발적이 아니라 계속적·반복적·집단적으로 이루어져 그 피해의 심각성을 결코 가볍게 볼수 없는 점, ② 그 때문에 피해학생은 상당한 신체적·정신적 고통을 겪은 것으로 보이는 점, ③ 더욱이 피해학생은 학습장애를 앓고 있는 특수교육대상자이며, 학교폭력이 이루어진 동기에 있어서도 그와 같은 장애가 작용한 것으로 보이는 점, ④ 피해학생의 보호, 가해학생의 선도·교육 및 피해학생과 가해학생 간의 분쟁조정을 통하여 학생의 인권을 보호하고, 학생을 건전한 사회구성원으로 육성하려는 법의 취지를 고려할 때 학교폭력에 대해서는 단호하고 엄정한 선도가 불가피한 점 등을 종합하면, 원고가 내세우는 유리한 정상을 고려하더라도, 이 사건 처분이 원고에게 지나치게 가혹하여 재량권을 일탈·남용하였다고 보기도 어렵다.

따라서 이 사건 처분에 실체적 하자는 존재하지 아니한다.

(2) 절차적 하자 주장에 관하여

(가) '학교폭력 사안'이라는 사전통보 유무 관련

앞서 본 인정사실에 의하면, 피고는 2013. 4. 11. 피해학생에게 뺨을 때리고 괴롭히는 등의 내용이 담긴 원고 작성의 진술서 사본을 원고의 부 이**에게 전달케하여 학부모 의견 및 확인을 받아 오도록 하였는바, 위 진술서 사본의 내용으로 보아 이를 학교폭력 사안의 통보라고 못 볼 바 아니고, 설령 그렇지 않다고 하더라도 학교폭력예방법 등 관련 법령에 학교폭력 신고를 받은 교사로 하여금 사안에 대한 조사를 실시하기 전에 가해학생의 부모에게 위 사실을 통지하도록 하는 규정이 없을 뿐만 아니라 교육과학기술부에 그와 같은 내용의 규정신설을 위임하는 규정도 없으므로, 원고가 들고 있는「학교폭력사안 대응기본지침」의 기재내용은 학교폭력 신고를 받은 교사에 대한 권고 사항일 뿐 그에게 위와 같은 통지의무를 부과하는 규정이라고 할 수 없으므로, 위 통보 절차가 없었다는 사정만으로 이 사건 처분이 위법하다고 볼 수도 없다.

(나) 행정절차법 제23조 제1항 위반 여부

행정절차법 제3조 제2항은 "이 법은 다음 각 호의 1에 해당하는 사항에 대하여는 적용하지 아니한다"고 규정하면서, 그 제9호에서 '병역법에 의한 징집·소집, 외국인의 출입국·난민인정·귀

화, 공무원 인사관계 법령에 의한 징계 기타 처분 또는 이해조정을 목적으로 법령에 의한 알선·조정·중재·재정 기타 처분 등 당해 행정작용의 성질상 행정절차를 거치기 곤란하거나 불필요하다고 인정되는 사항과 행정절차에 준하는 절차를 거친 사항으로서 대통령령으로 정하는 사항'을 행정절차법의 적용이 제외되는 경우로 규정하고 있고, 그 위임에 기한 행정절차법 시행령 제2조는 "법 제3조 제2항 제9호에서 '대통령령으로 정하는 사항'이라 함은 다음 각 호의 1에 해당하는 사항을 말한다"라고 규정하면서 그 제8호에서 '학교·연수원 등에서 교육·훈련의 목적을 달성하기 위하여 학생·연수생 등을 대상으로 행하는 사항'을 규정하고 있다.

이와 같은 규정들의 내용을 행정의 공정성, 투명성 및 신뢰성을 확보하고 국민의 권익을 보호함을 목적으로 하는 행정절차법의 입법목적에 비추어 보면, 학교·연수원 등에서 교육·훈련의 목적을 달성하기 위하여 학생·연수생 등을 대상으로 행하는 사항이라 하더라도 그 전부에 대하여 행정절차법의 적용이 배제되는 것이 아니라, 성질상 행정절차를 거치기 곤란하거나 불필요하다고 인정되는 처분이나 행정절차에 준하는 절차를 거치도록 하고 있는 처분의 경우에만 행정절차법의 적용이 배제되는 것으로 보아야 한다(대법원 2007. 9. 21. 선고 2006두20631 판결 등 참조).

그런데 이 사건 처분은 행정절차법 제23조 제1항 소정의 처분의 이유제시 절차를 거치기 곤란하거나 불필요하다고 인정되는 처분이나 행정절차에 준하는 절차를 거치도록 하고 있는 처분의 경우라고 보이지 아니하므로, 이 사건 처분을 함에 있어서는 행정절차법 제23조 제1항의 적용이 배제되지 않는다고 봄이 타당하다.

한편, 행정절차법 제23조 제1항에서 행정청이 처분을 하는 때에는 당사자에게 그 근거와 이유를 제시하도록 규정하고 있는데, 이는 행정청의 자의적 결정을 배제하고 당사자로 하여금 행정구제절차에서 적절히 대처할 수 있도록 하는데 그 취지가 있는 것이므로, 처분서에 기재된 내용과 관계 법령 및 당해 처분에 이르기까지의 전체적인 과정 등을 종합적으로 고려하여, 처분 당시 당사자가 어떠한 근거와 이유로 처분이 이루어진 것인지를 충분히 알 수 있어서 그에 불복하여 행정구제절차로 나아가는데에 별다른 지장이 없었던 것으로 인정되는 경우에는 처분서에 처분의 근거와 이유가 구체적으로 명시되어 있지 않았다 하더라도 그로 말미암아 그 처분이 위법한 것으로 된다고 할 수 없다(대법원 2009. 12. 10. 선고 2007두20348 판결 참조).

그런데 앞서 본 바와 같이 이 사건 처분서인 '학교폭력대책자치위원회 회의 결과 통보서'에는 처분의 사유, 즉 원고가 어떠한 학교폭력 행위를 하였는지 전혀 기재되어 있지가 않다. 이에 대하여 피고는 자치위원회 회의 등을 거치면서 원고 내지 원고의 법정대리인인 이**가 어떠한 이유에서 처분이 이루어지는지 알 수 있었다고 주장하나, 위 인정사실에 의하면 원고가 행한 학교폭력 행위에 대하여 피고가 일별하여 알려준 것은 자치위원회 회의 중 원고의 학교폭력 행위들이 기재된 '학생사안보고서'를 구두로 읽어준 것 이외에는 없는데, 그 내용이 많아 이를 한 번 듣고 이후 행정구제 절차에서 다툴 수 있을 정도로 숙지하기 어려운 것으로 보인다. 그리고 그 밖에는 원고가 작성한 진술서 사본 이외에 피고가 따로 원고나 원고의 부에게 처분사유가 기재된 문서를 교부한 적이 없다.

사정이 이러하다면 피고는 이 사건 처분을 하면서 이유 제시를 하지 아니하였고, 원고와, 특히 법정대리인인 원고의 부는 그로 말미암아 학교폭력을 구성하는 원고의 각각의 행위를 명확히 알지 못하여 이 사건 처분에 불복하여 행정구제절차로 나아가는 데에 지장이 있었다고 판단된다. 따라서 이 사건 처분에는 행정절차법 제23조 제1항을 위반한 하자가 있다(이 사건 처분 이후 원고가 정보공개를 통하여 '학생사안보고서'를 입수한 것으로써 위 하자가 치유된다고 볼 수도 없다).

라. 소결
따라서 이 사건 처분에 실체적 하자는 없으나 행정절차법 제23조 제1항을 위반한 절차적 하자가 있는 이상, 이 사건 처분은 위법하여 취소되어야 한다.

3. 결론

그렇다면 원고의 이 사건 청구는 이유 있으므로 이를 인용하기로 하여 주문과 같이 판결한다.

[행정] 대구지방법원 2021구합22274
전학처분취소

Ⅰ. 법원의 결정

1. 원고의 청구를 기각한다.
2. 소송비용은 원고가 부담한다.

Ⅱ. 판결이유

1. 원고와 E(이하 '피해학생'이라 한다)는 2020년 안동시에 있는 F고등학교에 입학하여 재학 중이었다.

2. 경상북도안동교육지원청 학교폭력대책심의위원회(이하 '이 사건 심의위원회'라 한다)는 2021. 5. 12. 원고에 대한 아래와 같은 내용의 학교폭력 사안에 관하여 학교폭력예방 및 대책에 관한 법률(이하 '학교폭력예방법'이라 한다) 제17조 제1항 제8호의 '전학' 등의 조치처분을 피고에게 요청하기로 의결하였다.

① 2020년 10월경부터 2021년 2월경까지 지속적으로 피해학생에게 애니메이션 대사를 따라 할 것을 요구하고 이에 응하지

않으면 신체·언어폭력을 행사함(제1징계사유).

② 2021. 3. 15. 이후부터 학교폭력 신고 시(2021. 4. 12.)까지 하기 싫은 일과 장난을 강요(1학년 교실로 데려가 "맞짱뜨자" 등의 말 시키기, 베트남 출신 학생에게 베트콩 등의 말 시키기 등)하고 응하지 않을 경우 신체폭력을 행사함(제2징계사유).

③ G과 원고 중 누구와 포옹할지 묻고 어느 쪽으로 대답하든 신체폭력을 행사함(제3징계사유).

④ 여러 차례 피해학생의 팔을 툭툭 치며 함께 점심을 먹으러 갈 것을 요구하고 반찬을 빼앗아 먹음(제4징계사유).

⑤ 2021. 4. 6.경 G, 원고가 피해학생의 팔을 잡고 고정한 상태에서 H이 피해자의 성기를 15초 이상 누르는 행위(오토바이 장난)를 함(제5징계사유).

다. 피고는 이 사건 심의위원회의 위 의결결과에 따라 2021. 5. 18. 원고에게 전학처분(이하 '이 사건 처분'이라 한다)을 하였다.

2. 원고의 주장
이 사건 처분은 아래와 같은 이유로 위법하므로 취소되어야 한다.

가. 징계사유의 일부 부존재

제1징계사유 관련, 원고가 2020년 11월경 피해학생에게 3회 정도 애니메이션 대사와 행동을 따라 해보라고 요청한 사실은 있으나, 지속적으로 그러한 행동을 한 사실은 없고 팔을 툭 치는 정도를 넘어 악의를 가진 폭력을 행사한 사실도 없다.

제2징계사유 관련, 당시 피해학생에게 말을 시키는 등 행위를 직접 강요한 것은 G이었고 원고는 이를 제지하지 않고 방관하면서 한편으로는 피해학생을 부추긴 사실이 있을 뿐이다.

제3징계사유 관련, 원고는 동성이든 이성이든 스킨십을 싫어하기 때문에 피해학생에게 G과 원고 중 누구와 포옹할 것이냐고 물어본 사실이 없다.

제5징계사유 관련, 원고는 G과 H이 '오토바이 장난'을 하는 것을 목격하였을 뿐이고, 원고가 이에 직·간접적으로 관여한 사실은 없다.

나. 재량권의 일탈·남용

원고는 위와 같이 이 사건 처분의 근거가 된 행위 중 일부가 사실과 다르거나 과장되어 있는 부분을 부인할 뿐, 피해학생에게 원치 않는 일을 강요하고 욕설을 하며 팔과 가슴을 툭툭 치는 정도의 폭력을 행사한 사실 및 이러한 행위가 피해학생에게는 고통을 주는 학교폭력 행위에 해당한다는 사실은 인정하고 반성한다. 원고의 학교폭력 행위는 심각한 수준의 신체적 폭력에 해당하지 않고 감수성이 부족한 원고가 친한 친구에게 장난치듯이 한 행위 정도로 볼 수 있다.

원고 측은 피해학생의 학교폭력 신고이후 피해학생에게 진심을 담아 사과하였다. 원고는 이 사건 심의위원회에 출석하여 공손한 태도로 진술하였고 원고에게는 충분히 개선의 여지가 있다. 원고를 포함한 가해학생들 4명 중 가장 가해행위의 정도가 큰 G은 전학처분을 받고, 다른 2명(H, I)은 봉사처분을 받았는데, 원고에게 G과 동일한 전학처분을 한 것은 형평에 어긋난다. 이러한 점에 비추어 보면 이 사건 처분은 원고에게 너무나 가혹하여 재량권 일탈·남용의 위법이 있다.

3. 이 사건 처분의 적법 여부에 관한 판단

가. 징계사유의 일부 부존재 주장에 대하여

원고는 제4징계사유를 제외한 나머지 징계사유에 관한 사실관계 중 일부 또는 전부를 다투고 있으므로 이에 대하여 본다.

1) 제1징계사유에 관하여

갑 제2호증, 을 제1, 2호증의 각 기재에 변론 전체의 취지를 더하면, 원고는 2020년 10~11월경 G 등과 함께 학교 복도에서 피해학생에게 3회에 걸쳐 일본 애니메이션 '귀멸의 칼날' 대사와 행동을 하게 시킨 사실, 피해학생은 원고와 G 등으로부터 지속적인 신체·언어폭력, 괴롭힘을 당하여 위와 같은 부당한 요구를 거절하지 못하고 이에 응한 사실은 인정된다.

그러나 원고가 그 외에 피해학생에게 위와 같은 행동을 더 시킨 사실이나 이를 거부하였을 때 신체·언어폭력을 행사한 사실을 인정할 증거는 없다. 피고가 증거로 제출한 목격자들의 진술서(을 제1호증)나 이 사건 심의위원회 회의록(을 제2호증)만으로는 이 부분 징계사유에 관한 구체적인 사실관계를 확인하기 어렵고, 피고는 이 소송에서도 그에 관한 구체적인 주장을 하지 않은 채 피해학생이 지속적인 학교폭력을 당해왔기 때문에 원고의 모욕적인 요구에 응하게 된 것이라는 취지의 진술만 하고 있다.

따라서 제1징계사유는 위 인정범위 내에서만 징계사유에 해당한다.

2) 제2징계사유에 관하여

원고는 제2징계사유와 같이 피해학생을 1학년 교실로 데려가 '맞짱뜨자'라는 등의 말을 시킨 사람은 G이고 원고는 뒤에서 구경만 했다고 주장한다. 그러나 다수 목격자들의 진술(을 제1호증 1, 2, 4, 10, 19쪽 등)에 따르면 원고가 G 등과 피해학생을 데리고 1학년 교실에 들어가 '맞짱뜨자'라는 말을 시키고 베트남 전학생에게 인사를 강제로 시킨 사실이 인정되고, 평소에 G 등과 점심시간이나 쉬는 시간마다 피해학생을 찾아가 지속적으로 폭력, 강요, 괴롭힘 등을 해왔던 점을 볼 때, 원고가 당시 구경만 했다는 주장은 믿기 어렵다. 또한 원고 주장처럼 피해학생에게 위와 같은 행동을 직접 시킨 사람은 G이었다고 하더라도 원고는 그 진술에 따를 때 피해학생에게 '니 개 빡세다. 니 지금 존나 쎄다. 존나 무섭다.'라는 말을 하며 피해학생을 부추기고 피해학생이 이를 거부하자 탈의실로 데리고 갔다는 것이며(갑 제2호증 5~8쪽), 이 소송에서도 당시 피해학생을 부추긴 사실은 인정하고 있어 원고가 그와 같은 가해행위에 가담한 사실을 인정하는 데 지장이 없다.

더 나아가 설령 원고 주장처럼 원고가 1학년 교실에서가 아니라 G 등이 피해학생을 데리고 2학년 교실로 이동하는 과정에서 합류하여 위와 같이 부추기는 등의 행동을 하였다고 하더라도 그러한 행위는 그 직전 1학년 교실에 있었던 가해행위와 연속해서 행해진 일련의 사건이라고 인정되므로 이는 제2징계사유의 범위에 포함된다고 판단된다.

한편 원고는 경찰조사에서 피해학생을 탈의실로 데리고 갔을 때 때리지는 않았다고 진술하였으나, G은 이 사건 심의위원회에 출석하여 당시 원고와 H도 피해학생을 같이 때렸다는 취지로 진술하였고(을 제2호증 27쪽) G이 이를 허위로 진술할 이유가 없어 보이는 점 및 원고가 피해학생을 탈의실로 데려간 이유 등을 볼 때 원고가 피해학생이 원고의 요구를 거절한다는 이유로 피해학생을 때린 사실도 인정되며, 설령 원고가 피해학생을 직접 때리지 않았더라도 피해학생을 탈의실로 데려가고 공포감을 조성함으로써 G 등의 폭행에 공범으로 가담한 것으로 볼 수 있다.

따라서 제2징계사유를 일부 다투는 원고의 주장은 이유 없다.

3) 제3징계사유에 관하여

제3징계사유와 같이 원고가 피해학생에게 'G과 원고 중 누구와 포옹할지' 묻고 어느 쪽으로 대답하든 신체폭력을 행사한 사실을 인정할 증거가 없다. 피고의 주장에 의하더라도 위와 같은 질문은 G이 하였다는 것이다. 피고는 G이 위와 같은 질문을 할 때 원고도 G의 폭행에 가담할 의사로 이를 지켜보고 있었다고 주장하나, 위와 같은 행위가 이루어진 구체적인 경위를 알 수 있는 증거가 없어 원고가 당시 그 자리에 있었다고 하더라도 원고가 그 가해행위에 가담하였다고 단정할 수 없다.

따라서 제3징계사유는 징계사유의 존재를 인정할 수 없다.

4) 제5징계사유에 관하여

H의 진술(을 제2호증 47, 48쪽)에 따르면 H이 제5징계사유와 같이 피해학생의 성기를 누르는 행위를 할 때 G과 원고가 피해학생의 팔을 잡고 있었던 사실이 인정되므로, 제5징계사유를 다투는 원고의 주장은 이유 없다.

나. 재량권의 일탈·남용 주장에 대하여

앞서 본 증거와 갑 제3호증의 기재에 변론 전체의 취지를 더하여 알 수 있는 아래와 같은 사정에 비추어 보면, 일부 징계사유로 인정되지 않는 부분을 제외하고 보더라도 이 사건 처분은 정당하다고 인정되고 여기에 재량권 일탈·남용의 위법이 있다고 판단되지 않으므로, 원고의 주장은 이유 없다.

① 학교폭력은 피해학생에게 미치는 부정적인 영향이 큼에도 이를 적발하기 쉽지 않고 사전에 예방할 수 있는 방법도 많지 않으므로, 학교폭력에 대한 사후조치는 피해학생의 보호가 우선적으로 고려되어야 한다. 또한 불안정한 청소년기에 있는 가해학생에 대해서도 선도·교육을 통해 더 이상의 학교폭력을 행사하지 않도록 예방하고 학업을 마친 후 건전한 사회구성원으로 살아갈 수 있도록 적절한 조치를 취할 필요가 있다.

② 원고는 다른 학생들과 함께 중학교 때부터 친구로 지내던 동급생인 피해학생을 상대로 불특정 다수의 학생들이 지켜보는 앞에서 수치스러운 행위를 강요하고 괴롭히는 행위를 수차례 반복하였다. 피해학생은 원고 등의 지속적인 신체·언어폭력에 의해 부당한 요구에도 제대로 저항하지 못하고, 시간이 갈수록 괴롭힘의 정도는 심해졌던 것으로 보인다.

③ 피해학생은 학교에 가는 것 자체가 싫고 점심시간이 두려

울 정도로 심한 정신적 고통을 받아왔던 것으로 보인다. 그런데도 어머니가 피해사실을 알면 걱정할 것이 우려되어 피해사실을 주변에 알리지 못한 채 장시간 고통을 감내해왔고, 원고 등의 괴롭힘을 피해서 교무실로 도망갔다가 몇 차례 피해신고를 망설인 끝에 선생님의 설득으로 이 사건을 털어놓게 되었다.

이후 피해학생 측은 원고 등 가해학생들을 형사고소까지 하였고, 피해학생의 어머니는 이 사건 심의위원회에 출석하여 앞으로 가해학생을 마주치지 않길 바란다는 의사를 표시하였다. 가해행위의 내용과 위와 같은 신고 경위, 피해학생 측의 의사를 고려할 때 이에 대한 피고의 미온적 대처는 피해학생 측에게 참기 힘든 고통을 주는 것이 될 수 있고, 피고는 가해학생 조치 수위를 결정할 때 이러한 사정을 고려하여야 한다.

④ 원고는 이 사건 심의위원회와 경찰조사 및 이 법정에 이르기까지 일부 가해행위를 부인하고 있고, 자신의 행위를 '친한 친구 간에 이루어지는 짓궂은 장난' 정도로만 여기는 등 사건의 심각성을 제대로 인식하지 못한 것으로 보인다. 원고가 피해학생을 만나거나 전화하여 사과한 사실이 있으나, 위와 같은 원고의 태도나 입장에 비추어 볼 때 원고가 진심으로 잘못을 뉘우치고 있다고 단정하기 어렵다. 또한 심의위원회 위원들은 원고가 위와 같이 피해학생에게 사과한 사실 등을 참작하여 아래에서 보는 것처럼 원고의 반성 및 화해 정도를 보통으로 평가한 것으로 보인다.

⑤ 이 사건 심의위원회는 '학교폭력 가해학생 조치별 적용 세부기준 고시' 제2조 [별표] 세부기준상의 요소들을 고려하여 '학교폭력의 심각성' 매우 높음(4점), '학교폭력의 지속성' 매우 높음(4점), '학교폭력의 고의성' 높음(3점), '가해학생의 반성 정도' 보통(2점), '화해 정도' 보통(2점)으로 보아 총 15점으로 평가하였다. 나아가 이는 '학급교체'처분에 해당하는 점수이지만, 원고와 피해학생이 다른 반이어서 학급교체는 의미가 없기 때문에 가중할지, 감경할지에 관한 충분한 논의를 거쳐 조치의 실효성과 피해학생보호 등을 이유로 '전학'처분으로 가중하기로 의결(감경의견 1명, 가중의견 7명)하였다. 앞서 본 사정을 감안할 때 이러한 심의위원회의 결정이 특별히 불합리하다고 볼 수 없다.

⑥ 피해학생과 다른 학생들의 진술을 종합해보면, 피해학생에 대한 가해학생들인 원고, G, H, I 중 괴롭힘의 정도가 가장 중한 두 사람은 원고와 G이라고 인정된다. 다만 피해학생은 그중 G으로부터의 피해를 가장 크게 호소하고 있기는 하지만, 가해행위의 내용과 정도를 볼 때 원고와 G의 징계수위에 차등을 줘야 할 만큼의 분명한 차이가 있다고 보이지 않는다. 따라서 피고가 원고에게 G과 동일한 전학처분을 하였다는 사정만으로 그것이 형평에 반한다고 볼 수 없다.

⑦ 학교 내에서 일어나는 학교폭력 행위는 가해자와 피해자의 문제에 그치는 것이 아니라 소속 학생들의 전반적인 학습 환경과

교풍을 어지럽히는 것이기도 하다. 피고로서는 건전하고 선량한 교내 질서를 유지하기 위해서도 그러한 행위에 엄정히 대처할 필요가 있고, 이러한 점을 고려해 보더라도 원고가 이 사건 처분으로 입게 될 불이익이 이 사건 처분이 달성하고자 하는 공익보다 더 중대하다고 보기 어렵다.

4. 결론

원고의 청구는 이유 없으므로 이를 기각하기로 하여 주문과 같이 판결한다.

[행정] 청주지방법원 2021구합51992
징계조치처분취소

[판결 요지]

<요약>

교내에서 학생이 다른 학생을 말, 행동으로 놀렸다는 이유로 학교폭력 신고가 되었고, 일명 '학폭위(학교폭력대책심의위원회)' 심의를 거쳐 가해학생에게 피해학생에 대한 서면사과 처분이 내려져 가해학생이 그 취소를 구한 사건입니다.

심리 결과 해당 행위가 학교폭력예방법에서 정하는 '따돌림', '모욕'이라고 보기에는 증거가 부족하다는 이유로 위 처분을 취소하는 판결이 선고되어 그대로 확정되었습니다.

학생들 간의 교내 장난 행위가 학교폭력에 해당하는지 여부에 대한 판단이 이루어진 사례이고, 전학 이후 이전 학교에서 이루어진 징계처분을 다툴 수 있는 경우에 대해서도 설명하고 있어, 학교생활에 관한 법률지식을 제공한다는 의미가 있는 판례입니다.

Ⅰ. 법원의 판결

1. 피고가 2021. 7. 30. 원고에 대하여 한 피해학생에 대한 서면사과 처분을 취소한다.
2. 소송비용은 피고가 부담한다.

Ⅱ. 판결이유

1. 처분의 경위

가. 원고와 D은 2021년 당시 충북 음성군 E 소재 대안학교인 F학교 7학년(일반학교의 경우 중학교 1학년)에 함께 재학하였던 학생들이다.

나. D의 어머니는 D이 원고 등으로부터 학교폭력을 당하였다는 취지로 신고를 하였고, 학교폭력 전담기구에서는 위 신고 내용을 바탕으로 학교폭력 사안보고가 이루어졌는데, 그중 원고와 관련된 행위는 아래와 같다.

2021. 7. 2. 야간학습 시간, 교실(G관 202호)에서 원고, H, I, J, K(이하 '원고 등'이라 한다)이 모여서 대화를 하던 중, 'D은 축구랑 농구를 너무 잘해서 모든 포지션을 다 소화할 수 있다'며 모든 포지션에 D의 이름을 넣어 부르며 이야기 함(센터도 D, 공격도 D, NBA에서 모든 포지션을 소화할 수 있다.

> 골대도 D..등, 이하 '제1 행위'라 한다)) 또한 D의 자세를 따
> 라 하기도 하면서, 놀리는 뉘앙스의 손바닥 펼치기 등의 행
> 위(이하 '제2 행위'라 하고, 제1, 2 행위를 모두 합하여 '이
> 사건 각 행위'라 한다)를 하였음

다. 2021. 7. 29. 학교폭력대책심의위원회(이하 '이 사건 심의
위원회'라고 한다)가 개최되었는데, 심의 결과 이 사건 각 행위
가 학교폭력예방 및 대책에 관한 법률(이하 '학교폭력예방법'이
라 한다)에 따른 학교폭력(따돌림, 언어폭력)에 해당됨을 이유로
하여 원고에 대하여 학교폭력예방법 제17조 제1항 제1호에 근
거하여 피해학생에 대한 서면사과의 가해학생 조치처분을 의결
하였다.

라. 피고는 이 사건 심의위원회의 의결에 따라 2021. 7. 30.
아래와 같은 내용을 이유로 하여 원고에 대하여 피해학생에 대
한 서면사과의 가해학생 조치처분(이하 '이 사건 처분'이라 한
다)을 하였다.

> 2021. 7.경 원고 등은 D이 없는 장소에서 손가락 사인 등을
> 하여 D에게 정신적 피해를 입힌 점을 학교폭력에 해당되며,
> 가해학생들이 이 행위에 대하여 깊이 반성하고 있다는 점,
> 학생들 간 관계회복 등을 고려한 교육적 선도 결정임

2. 이 사건 소의 적법 여부에 관한 판단

가. 피고의 주장

이 사건 처분은 원고가 피고 관할 학교의 학생으로서의 신분을 계속 보유하고 있음을 전제로 하는 것인데, 원고는 이 사건 학교에서 타 교육지원청 관할의 학교로 전학을 갔으므로, 이 사건 처분은 그 효력이 소멸되었다. 또한 이 사건 처분이 생활기록부에 기재될 가능성은 없으므로, 이 사건 처분에 대하여 그 취소를 구하는 것은 법률상 이익이 없다.

나. 판단

학교폭력예방법 제17조 제1항 각 호에서는 가해학생에 대한 조치로 '피해학생에 대한 서면사과'(제1호)를 비롯하여 '피해학생 및 신고.고발 학생에 대한 접촉.협박 및 보복행위의 금지'(제2호), '학교에서의 봉사'(제3호), '사회봉사'(제4호), '학내외 전문가에 의한 특별 교육이수 또는 심리치료'(제5호), '출석정지'(제6호), '학급교체'(제7호), '전학'(제8호), '퇴학처분'(제9호)을 정하고 있는데, 이는 성질상 해당 학교에 소속되어 있음을 전제로 학교 내에서 이루어져야 하는 것들이다. 따라서 학교폭력예방법 제17조 제1항이 정하는 처분을 받은 학생이 전학, 졸업 등의 사유로 해당 학교의 학생 신분을 상실하면 원칙적으로 각 조치에 관한 처분의 효력은 소멸한다고 봄이 타당하다.

그러나 제재적 행정처분이 효력을 상실한 이후라도 그 처분을 받은 것을 가중사유나 전제요건으로 삼아 장래의 제재적 행정처분을 하도록 정하고 있는 경우, 선행처분을 가중사유 또는 전제요건으로 하는 후행처분을 받을 우려가 현실적으로 존재하는 때에는, 선행처분을 받은 상대방은 비록 그 처분의 집행이 종료되었다고 하더라도 그 처분의 취소소송을 통하여 그러한 불이익을 제거할 소의 이익이 있다(대법원 2006. 6. 22. 선고 2003두 1684 판결 참조)

초·중등교육법 시행규칙 제21조 제2항 제2호에 의하면, 학교폭력예방법 제17조 제1항 제1호부터 제3호까지에 따른 조치를 받은 학생이 이후 동일 학교급에 재학하는 동안(초등학생인 경우에는 그 조치를 받은 날부터 3년 이내의 범위에서 동일 학교급에 재학하는 동안) 다른 학교폭력사건으로 같은 조 제1항의 조치를 받은 경우에는 기존에 받았던 조치사항에 관한 내용을 해당 학생의 학교생활기록부에 기재하여야 한다.

따라서 원고가 이 사건 학교에서 다른 학교로 전학을 갔다고 하더라도 향후 재차 학교폭력예방법 제17조 제1항의 조치를 받을 경우 위 각 조치를 받은 사실이 학교생활기록부에 소급하여 기재되는 불이익을 입게 된다. 이러한 불이익은 피해학생에 대한 서면사과의 외형이 잔존함에 따른 것으로서 구체적이고 현실적인 위험에 해당하므로, 원고에게 이 사건 처분의 취소를 구할 법률상 이익이 소멸하였다고 보기 어렵다. 따라서 피고의 본안

전항변은 이유 없다.

3. 처분의 적법 여부에 관한 판단

가. 원고의 주장 요지

이 사건 처분은 아래와 같은 이유로 위법하므로 취소되어야 한다.

1) 제1 행위는 조치결정통보서에 기재되어 있지 않으므로, 이 사건 처분의 처분사유에 해당하지 않는다(이하 '제1 주장'이라 한다).

2) 원고가 한 제2 행위는 D의 성(姓)인 'L'를 뜻하는 것일 뿐 D을 조롱하거나 비하하는 뜻을 담고 있지 않은 점, 원고는 위 행위를 1회밖에 하지 않은 점, 원고는 D가 없는 장소에서 이 사건 각 행위를 한 점, D는 일상적으로 원고에 대하여 '삽삽'이라는 별명을 불러 온 점, 원고는 D에게 사과를 하였고, D도 위 사과를 받아 준 점, D은 원고를 학교폭력 가해학생으로 신고할 의도가 없었던 점 등을 고려하면, 이 사건 각 행위가 학교폭력에 해당한다고 볼 수 없다(이하 제2 주장'이라 한다).

3) 설령 이 사건 각 행위가 학교폭력에 해당한다고 하더라도, 이 사건 처분은 학교폭력예방법의 입법취지에 맞지 않는 점, 이 사건 처분으로 달성하려는 공익에 비해 침해되는 원고의 인격권

등 사익이 훨씬 큰 점 등을 고려해 보면, 이 사건 처분은 재량권을 일탈·남용하여 위법하다(이하 '제3 주장'이라 한다).

나. 판단

1) 제1 주장에 관한 판단

앞서 든 증거들에 변론 전체의 취지를 더하여 인정되는 다음과 같은 사정 등을 고려해 보면, 제1 행위가 이 사건 처분의 처분사유에 포함되었다고 봄이 타당하다. 따라서 원고의 이 부분 주장은 이유 없다.

가) 학교폭력 전담기구가 작성한 학교폭력 사안보고서 중 사안 경위에는 '2021. 7. 2. 야간 의무학습 시간, 교실(G관 202호)에서 원고, H, I, J, K 학생들이 모여 대화를 하던 중, 'D은 축구랑 농구를 너무 잘해서 모든 포지션을 다 소화할 수 있다'며 모든 포지션에 D 학생의 이름을 넣어 부르며 이야기하였다(센터도 D, 공격도 D, NBA에서 모든 포지션을 소화할 수 있다, 골대도 D....등)'이라고 기재되어 있다.

나) 원고의 보호자는 이 사건 심의위원회에 참석하여 위 가)항 기재와 동일한 내용의 사안조사 보고를 청취하였고, 이에 관하여 의견을 진술한 것으로 보인다.

다) 이 사건 처분 통보서상에 제1 행위에 관하여 구체적으로

기재가 되어 있지는 않은 사실이 인정되기는 하나, 조치결정 이유란에 2021. 7.경 원고 등이 D이 없는 장소에서 손가락 사인 '등'을 하여 D에게 정신적 피해를 입혔다고 기재되어 있는바, 피고는 이 사건 각 행위 중 제2 행위를 대표적 행위로 하여 기재한 것으로 보인다.

2) 제2 주장에 관한 판단

학교폭력예방법은 학교폭력의 예방과 대책에 필요한 사항을 규정함으로써 피해학생의 보호, 가해학생의 선도.교육 및 피해학생과 가해학생 간의 분쟁조정을 통하여 학생의 인권을 보호하고 학생을 건전한 사회구성원으로 육성함을 목적으로 한다(제1조). 학교폭력예방법은 제2조 제1호에서 학교폭력을 '학교 내외에서 학생을 대상으로 발생한 상해, 폭행, 감금, 협박, 약취·유인, 명예훼손·모욕, 공갈, 강요·강제적인 심부름 및 성폭력, 따돌림, 사이버 따돌림, 정보통신망을 이용한 음란·폭력 정보 등에 의하여 신체·정신 또는 재산상의 피해를 수반하는 행위'라고 규정하고, 같은 조 제1의 2호에서는 따돌림에 대하여 '학교 내외에서 2명 이상의 학생들이 특정인이나 특정집단의 학생들을 대상으로 지속적이거나 반복적으로 신체적 또는 심리적 공격을 가하여 상대방이 고통을 느끼도록 하는 모든 행위를 말한다'고 규정하면서, 제3조에서 '이 법을 해석·적용함에 있어서 국민의 권리가 부당하게 침해되지 아니하도록 주의하여야 한다'고 규정하고 있다. 이는 '학교폭력'에 해당하는지 여부를 판단함에 있어서 지나친 확대해석을 방지하기 위한 취지이므로, 학교에서의 일상적인 생활 중에 일어난 행위가 학교폭력예방법 제2조 제1호의 '학교폭력'에 해당하는지 여부는 행위의 발생 경위와 전후 상황, 행위의 내용과 정도, 가해학생과 피해학생의 평소 관계, 피해의 정도 등을 종합하여 신중하게 판단하여야 한다. 한편 항고소송에서 당해 처분의 적법성에 대한 증명책임은 원칙적으로 처분의 적법을 주장하는 처분청에 있으므로, 원고가 학교폭력예방법에서 말하는 '학교폭력'을 행사하였다는 사실에 대한 증명책임은 처분청인 피고에게 있다.

갑 제2호증, 을 제1, 2호증의 각 기재에 의하면 원고가 이 사건 각 행위를 한 사실, 원고는 'D에게 손가락으로 숫자 5를 만들어서 놀리고, D이 농구를 그렇게 잘 하지도 않는데 포지션에서 탑이 D라고 비꼬듯이 말했다'라는 취지로 학생확인서를 작성한 사실, 원고와 함께 이 사건 각 행위를 한 다른 학생들도 D를 놀리기 위해 이 사건 각 행위를 하였다'는 취지로 학생확인서를 각 작성한 사실, 원고 등 중 한 명이 J이 손바닥 사인을 만들기 전 "멈춰!"를 하면서 친구들이 손바닥을 상대방에게 가리켰는데, J이 이것을 D라는 뜻으로 만들어서 쓰게 되었다'는 취지로 학생확인서를 작성할 사실, 원고가 이 사건 각 행위를 하는 것을 목격한 이 사건 학교의 학생이 그 사실을 D에게 전달한 사실, D는 이 사건 각 행위가 발생한 이후 불안하고 눈치가 약간 보인다'라고 학생확인서를 작성한 사실이 인정되기는 한다.

그러나 앞서 든 증거들에 변론 전체의 취지를 더하여 인정되는 다음과 같은 사정들을 고려해 보면, 피고가 제출한 증거들만으로 이 사건 각 행위가 학교폭력예방법상의 학교폭력(따돌림, 언어폭력)에 해당한다고 보기 부족하고, 달리 이를 인정할 증거가 없다. 따라서 이 사건 처분은 처분사유가 부존재하여 위법하므로 취소되어야 한다(이 사건 처분이 위와 같은 이유로 위법하다고 보는 이상, 제3 주장에 대해서는 나아가 살피지 아니한다).

가) 우선 이 사건 각 행위가 '따돌림'에 해당하는지에 관하여 보건대, 학교폭력예방법 제2조 제1의2호에서 따돌림에 대하여 '학교 내외에서 2명 이상의 학생들이 특정인이나 특정집단의 학생들을 대상으로 지속적이거나 반복적으로 신체적 또는 심리적 공격을 가하여 상대방이 고통을 느끼도록 하는 모든 행위를 말한다'고 규정하고 있으므로, 학교폭력예방법상 따돌림에 해당하기 위해서는 원고의 이 사건 각 행위가 D에게 '신체적 또는 심리적 공격을 가한 것'으로 평가될 수 있어야 한다. 원고 등이 D에 관한 부정적인 인식을 가지고 이 사건 각 행위를 한 것으로 보이기는 하나, D가 없는 자리에서 원고 및 원고의 친한 친구들 사이에 대화 도중에 일어난 행위임을 고려하면, 피고가 제출한 증거만으로는 이 사건 각 행위가 D에게 도달할 것을 전제로 하여 D에게 고통을 느끼도록 할 의도로 한 것이라거나 D에게 직접적으로 심리적, 정신적 고통을 가하기 위한 신체적 또는 심리적 공격으로서 따돌림에 해당함을 인정하기에 부족하고 달리 이

- 60 -

를 인정할 증거가 없다.

나) 다음으로 이 사건 각 행위가 학교폭력예방법 제2조 제1호가 규정하는 '모욕'에 해당하는지에 관하여 보건대, 모욕이란 사실의 적시 없이 사람의 사회적 평가를 저하시킬 만한 추상적 판단이나 경멸적 감정을 표현하는 것으로, 그에 해당하는지 여부는 사회통념과 건전한 상식에 따라 그 표현의 의미와 의도, 글의 전체적인 내용과 맥락, 행위자와 상대방과의 관계 등 구체적·개별적인 사정들을 종합하여 객관적·합리적으로 판단하여야 하는바(대법원 2017. 1. 25. 선고 2016도15261 판결 참조), 이 사건 각 행위의 내용은 모두 D에 관한 부정적 인식에서 비롯된 것으로 반어법 등 D를 다소 비꼬는 듯한 표현이 사용되기는 하였으나, D의 인격적 가치에 대한 사회적 평가를 저하시킬 만한 경멸적 감정을 표현한 모욕적 언사에 해당한다고 보기는 어렵다(이 사건 각 행위가 모욕 이외에 다른 언어폭력에 해당될 가능성에 관하여 보더라도, 피고가 제출한 증거만으로는 이를 인정하기 부족하고, 달리 이를 인정할 증거가 없다).

4. 결론
그렇다면 원고의 청구는 이유 있으므로 이를 인용하기로 하여, 주문과 같이 판결한다.

[행정] 대구지방법원 2021구합22113
학교폭력대책심의위원회 처분결과 취소

[판결 요지]

<요약>

1. 사실관계

가. 원고는 다른 친구와 함께 2021. 4.경 교실에서 피해학
생의 부채에 그림을 그렸음

나. 학교폭력대책심의위원회는 2021. 5.경 위와 같은 원고
와 다른 친구가 피해학생의 부채에 성적인 불쾌감을 주는
그림을 그려 벌어진 성희롱 사안에 관한 심의를 하였고, 피
고에게 원고에 대한 학교에서의 봉사 6시간, 학생 특별교육
이수 2시간의 조치 및 보호자 특별교육이수 2시간의 조치를
요청하였으며, 피고는 2021. 5.경 위 의결에 따른 조치(이하
'이 사건 처분'이라 한다)를 하였음

2. 판결 요지

가. 제반사정을 종합하면, 원고는 다른 친구의 행위에 가담하여 그림을 그리거나 피해학생의 이름을 그림에 추가하는 방법으로 피해학생으로 하여금 성적 수치심을 일으킬 만한 성희롱을 하여 학교폭력을 행한 것이라 할 수 있음

나. 이 사건 처분이 원고가 저지른 학교폭력 행위에 비해 지나치게 무거워 형평의 원칙에 어긋나는 등 재량권을 일탈, 남용하였다고 보기 어려우므로 이 사건 처분은 적법함

I. 법원의 결정

1. 이 사건 소 중 보호자에 대한 특별교육 2시간 처분의 취소를 구하는 부분을 각하한다.
2. 원고의 나머지 청구를 기각한다. 3. 소송비용은 원고가 부담한다.

II. 원고의 청구취지

피고가 2021. 5. 20. 원고에 대하여 한 학교봉사 6시간, 특별교육 이수 2시간(학생), 특별교육 이수 2시간(학부모)의 각 처분을 취소한다.

Ⅲ. 판결이유

1. 처분의 경위

가. 원고와 D(남), 피해학생 김○○(여, 이하 '피해학생'이라고만 한다)은 2021년경 E중학교(이하 '이 사건 학교'라 한다) 1학년 5반에 재학 중이던 학생들이다.

나. 원고는 2021. 4. 19. 위 교실에서 피해학생의 부채의 앞, 뒷면에 그림을 그렸고(이하 '이 사건 부채'라고 한다), 교사 김△△는 같은 달 21. D가 이 사건 부채를 들고 있는 것을 보고 생활안전부장에게 신고하였다. 이 사건 학교의 교장은 원고와 D가 이 사건 부채에 그림을 그린 행위가 성희롱 등 학교폭력에 해당할 가능성이 있다고 판단하여 학교폭력전담기구를 구성하여 그 경위를 조사하게 하였고, 학교폭력전담기구는 같은 달 22. 원고, D, 피해학생 및 부모들을 상담하여 사실관계를 확인한 후 원고와 D가 학교폭력을 한 것이라 판단하고 같은 달 28. 피고에게 학교폭력대책심의위원회 개최를 요청하는 조사결과를 보고하였다.

다. 대구광역시 동부교육지원청 학교폭력대책심의위원회(이하 '이 사건 위원회'라 한다)는 2021. 5. 18. '2021. 4. 19. 원고와 D가 피해학생의 부채에 성적인 불쾌감을 주는 그림을 그려 벌어진 성희롱(성폭력) 사안' 등에 관하여 회의를 한 후, 피고에게

'원고에 대하여 학교에서의 봉사 6시간, 학생 특별교육이수 2시간의 조치 및 보호자 특별교육이수 2시간의 조치'를 요청하기로 의결하였다.

라. 피고는 같은 달 20. 원고에게 2021. 4. 19. 위 요청에 따라 원고가 피해학생의 부채에 성적인 불쾌감을 주는 그림을 그렸다는 사유로 학교폭력예방법 제17조 제1항 제3호, 제3항 및 제9항에 따라 피고에게 '원고에 대하여 학교에서의 봉사 6시간, 학생 특별교육이수 2시간 조치 및 보호자 특별교육이수 2시간 조치'(이하 '이 사건 처분'이라 한다)를 하였다.

2. 이 사건 소 중 부모 특별교육 2시간 처분 취소를 구하는 부분의 적법여부

직권으로 살펴본다. 학교폭력예방법 제17조 제1항 제5호, 제3항은 가해학생의 선도·교육을 위하여 가해학생에게 취할 수 있는 조치 중의 하나로 전문가에 의한 특별교육이수를 규정하고 있고, 같은 조 제9항은 학교폭력대책심의위원회는 가해학생이 특별교육을 이수할 경우 해당 학생의 보호자도 함께 교육을 받게 하여야 한다고 규정하고 있다. 이러한 규정의 형식과 내용 등에 비추어 보면, 학교폭력예방법 제17조 제9항에 따른 가해학생 보호자에 대한 특별교육 이수 조치는 가해학생이 선도·교육을 위하여 특별교육을 이수하는 경우 해당 학생의 보호자에게 그 목적을 달성하기 위하여 마련된 부수처분으로서 가해학생의 특별교육 이수를 전제로 하므로, 가해학생에 대한 처분과 별도로 존재하거나 다툴 수 있는 것이 아니다.

즉, 가해학생에 대한 특별교육 이수 처분이 유효하여 가해학생이 특별교육을 이수하는 경우, 해당 학생의 보호자는 위 규정에 따른 처분에 따라 함께 교육을 받아야 하는 것이고, 가해학생에 대한 특별교육 이수 처분이 위법하여 취소되거나 무효로 되어 가해학생이 특별교육을 이수하지 아니하게 되는 경우, 해당 학생의 보호자에 대한 특별교육 역시 이를 이수하게 할 근거를 상실하게 되는 것이다. 따라서 원고는 별도로 학교폭력예방법 제17조 제9항에 따른 가해학생 보호자에 대학 특별교육 이수 조치인 이 사건 보호자처분의 적법 여부를 다툴 법률상 이익이 없는바, 이 사건 소 중 보호자에 대한 특별교육 2시간 처분 취소를 구하는 부분은 부적법하다.

3. 나머지 처분의 적법성
가. 원고의 주장
1) 처분사유 부존재
원고가 피해학생의 부채에 그린 그림은 객관적으로 성희롱에 해당하지 않고, 원고는 D가 그린 그림의 의미를 알지 못하였으며 자신이 그린 그림도 성희롱에 해당한다는 인식이 없었으므로 원고의 행위는 학교폭력에 해당하지 않는다.
2) 재량권의 일탈·남용 여부

위와 같은 원고의 행위가 학교폭력에 해당한다고 하더라도, 이 사건 처분은 D의 행위에 비하여 그 정도가 가벼움에도 이를 제대로 고려하지 않은 것으로 형평의 원칙을 위반하는 등 재량권을 일탈·남용한 위법이 있다.

나. 판단

1) 처분사유 부존재 주장에 관한 판단

가) 인정사실

앞서 본 증거들에 당사자 사이에 다툼이 없거나 갑 제2, 3호증, 을 4호증의 각 기재 및 변론 전체의 취지에 의하면 다음과 같은 사실이 인정된다.

(1) 원고는 2021. 4. 19. 피해학생이 첨성대 그림을 그려서 만든 이 사건 부채를 가지고 있는 것을 보고 이를 건네받았다. 원고는 이 사건 부채의 <뒷면> 첨성대 그림 옆에 '반짝'이라는 글씨와 빛이 나는 표시'를 하였고, <앞면> 중간에 [그림2] '달리는 캐릭터의 테두리'를 그렸고 오른쪽 하단에 '싸인과 날짜'를 남겼으며, [그림2] 캐릭터에 '비키니 또는 여자 속옷(상의.하의)'을 그렸다. D는 위 부채를 가져가서 <앞면>의 왼쪽 상단에 [그림1]을 그렸고, [그림2]에 '배꼽, 속눈썹, 머리카락, 소변이 흐르는 모습'을 추가하였으며, [그림3]을 그리고, 그리고 <뒷면>에 [그림4]를 추가로 그렸다. 이후 원고는 위 부채를 건네받아 D가 그린 [그림1]에 남자의 '가슴 근육과 복근'을 추가하였으며, [그

림2]의 두 다리 부분에 피해학생의 이름을 썼다.

```
┌─────────────────────────────────────────────────┐
│                    그림생략                       │
└─────────────────────────────────────────────────┘
```
<앞면>   <뒷면>

(2) 이 사건 위원회에서, 원고는 D가 자신에게 [그림2]에 비키니를 그리라 해서 그린 것이고, 원고가 D에게 [그림1]이 뭐냐고 물어보니 남자라고 하여 가슴 근육과 복근을 그린 것이라는 취지로 진술하였다. 반면 피해학생은 당시 근처에 있었는데 D가

원고에 비키니를 그리라고 한 적은 없다고 진술하였다. D도 원고에게 [그림2]에 비키니를 그리라고 한 적이 없으며, [그림1]이 남자라고 이야기 한 적도 없으나 원고가 [그림1]에 가슴근육과 복근을 그렸다고 진술하였다(갑 제6호증 회의록 제6, 8쪽).

(3) 한편 원고는 자신은 성적인 의도 없이 그림을 그렸으나, D가 원고의 그림에 이상한 그림을 추가하여 원고에게 성적인 수치심을 주었다는 이유로 D를 학교폭력으로 신고하였고 이 사건 위원회에서 이 사건과 함께 논의되었으나, 이 사건 위원회는당시 원고가 한 행위에 비추어 볼 때 원고가 D가 그린 그림으로 성적 수치심을 느꼈다고 보기 어렵다는 점을 이유로 학교폭력에 해당하지 않는 것으로 의결되었다.

(4) 교육부에서 발간한 '학교폭력 사안처리 가이드북'에서는 성폭력이란 상대방의 의사에 반하여 성을 매개로 가해지는 모든

폭력(신체적·심리적·언어적·사회적)행위로 성추행, 성폭행뿐만 아니라 개인의 성적 자기결정권을 침해하는 행위를 모두 포괄하는 개념으로 정의하면서, 학교폭력예방법의 적용을 받는 성폭력 개념은 성희롱, 성추행, 성폭행 등 상대방의 의사에 반하여 성을 매개로 가해지는 신체적, 언어적, 정신적 폭력을 모두 포괄하는 것이고, 성희롱은 타인에게 정신적.신체적으로 성적인 불쾌감과 피해를 주는 행위로 상대방의 의사와 관계없이 성적인 수치심을 주는 말이나 행동을 의미한다고 규정하고 있다.

나) 구체적 판단

위 인정사실에 앞서 든 증거들에 의하여 드러나는 다음과 같은 사정을 종합하면, 원고는 D의 행위에 가담하여 그림을 그리거나 피해학생의 이름을 그림에 추가하는 방법으로 피해학생으로 하여금 성적 수치심을 일으킬 만한 성희롱을 하여 성폭력, 즉 학교폭력을 행한 것이라 할 수 있으므로, 이 부분 처분사유가 인정된다.

(1) 원고는 D가 캐릭터에 왜 옷이 없냐고 물으며 비키니를 그려보라고 하여 캐릭터에 옷을 입힐 의도로 비키니를 그린 것이고, D가 그린 그림을 이해하지 못한 상태에서 다시 부채를 넘겨받아 [그림1]이 남자라는 이야기를 듣고 근육을 그렸을 뿐이라고 주장하나 이는 앞서 본 D, 피해학생의 진술과 배치된다.

(2) 원고는 피해학생의 부채에 [그림2] 캐릭터에 비키니(또

는 속옷)를 그린 후 D에게 위 부채를 넘겨줬고, D가 [그림1],
[그림2]에 '배꼽, 속눈썹, 머리카락, 소변이 흐르는 모습', [그림
3]을 각 그린 후에 다시 부채를 넘겨받아 [그림1]에 '가슴 근육
과 복근'을 그렸으며 [그림2]의 다리 부분에 피해학생의 이름을
적었다. 이러한 일련의 과정을 전체적으로 보면 원고는 D가 그
린 [그림1]에 남자의 모습을 좀 더 남성적으로 구체화하고, [그
림2]가 이를 보는 사람으로 하여금 피해학생을 표현한 것으로
보일만한 행동을 연속적으로 하였다.

(3) D가 그린 그림의 표현 방식이 그 자체로 매우 노골적이
고, 원고와 피해학생의 각 사실확인서 기재에 의하면 이 사건
부채를 본 다른 학생들은 웃거나 D의 그림이 보이지 않게 돌려
달라고 요구하기도 하는 반응을 보였던 것으로 확인된다.

2) 재량권 일탈·남용 여부
가) 관련 법리
학교폭력예방법 제17조 제1항은 '심의위원회는 피해학생의 보
호와 가해학생의 선도·교육을 위하여 가해학생에 대하여 다음
각 호의 어느 하나에 해당하는 조치(수 개의 조치를 병과하는
경우를 포함한다)를 할 것을 교육장에게 요청하여야 하며, 각
조치별 적용 기준은 대통령령으로 정한다'고 규정하고 있고, 같
은 법 시행령 제19조는 '학교폭력예방법 제17조 제1항의 조치
별 적용 기준은 가해학생이 행사한 학교폭력의 심각성·지속성·고

의성(제1호), 가해학생의 반성 정도(제2호), 해당 조치로 인한 가해학생의 선도 가능성(제3호), 가해학생 및 보호자와 피해학생 및 보호자 간의 화해의 정도(제4호), 피해학생이 장애학생인지 여부(제5호)를 고려하여 결정하고, 그 세부적인 기준은 교육부장관이 정하여 고시한다'고 규정하고 있다.

그 위임에 따른 학교폭력 가해학생 조치별 적용 세부기준 고시 제2조 [별표]는 구체적으로 학교폭력의 심각성, 지속성, 고의성, 가해학생의 반성 정도, 화해 정도의 5개 영역별로 0점부터 4점까지의 점수를 부과하여 총점에 따라 가해학생에 대한 조치를 정하되 선도가능성, 피해학생의 보호 등을 고려하여 가해학생에 대한 조치를 가중 또는 경감할 수 있도록 규정하고 있다. 이와 같은 법령의 내용, 형식 및 취지 등에 비추어 보면, 교육장이 학교폭력 가해학생에 대하여 어떠한 조치를 내릴 것인지 여부는 교육장의 판단에 따른 재량행위에 속한다고 할 것이다.

나아가 피해학생의 보호, 가해학생의 선도·교육 및 피해학생과 가해학생 간의 분쟁조정을 통하여 학생의 인권을 보호하고 학생을 건전한 사회구성원으로 육성하려는 학교폭력예방법의 입법 취지와 이를 위하여 심의위원회를 별도로 마련한 취지 등을 고려할 때, 교육전문가인 교육장이 심의위원회의 요청에 따라 교육목적으로 징계조치를 한 결과는 가능한 존중되어야 한다. 그리고 행정청의 처분이 재량권을 일탈·남용하였다는 사정은 그 처분의 효력을 다투는 자가 주장·증명책임을 부담한다(대법원 2017. 10. 12. 선고 2017두48956 판결, 대법원 2018. 5. 15. 선고 2017두63986 판결 등 참조).

  나) 구체적 판단

  살피건대 앞서 인정한 사실, 앞서 든 증거 및 변론 전체의 취지를 종합하여 인정되는 다음과 같은 사정들에 비추어 보면, 원고가 제출한 증거만으로는 이 사건 처분이 원고가 저지른 학교폭력 행위에 비해 지나치게 무거워 형평의 원칙에 어긋나는 등 재량권을 일탈·남용하였다고 보기 어렵다고 인정하기에 부족하고, 달리 이를 인정할 증거가 없다. 따라서 이 사건 각 처분은 적법하다.

  (1) 이 사건 위원회는 D의 행위에 대하여는 심각성 2점, 지속성 0점, 고의성 1점, 반성의 정도 0점, 화해의 정도 2점으로 총 5점을, 원고에 대하여는 심각성 1점, 지속성 0점, 고의성 1점, 반성의 정도 1점, 화해의 정도 1점으로 총 4점을 부여하였다. 그리고 D에 대하여는 학교봉사 10시간, 학생 특별교육 4시간, 보호자 특별교육 4시간의 조치를 하였고, 원고에 대하여는 학교봉사 6시간, 학생 특별교육 2시간, 보호자 특별교육 2시간의 조치를 하였다.

  (2) 피해학생에 대한 학교폭력에 관하여 원고와 D 사이에

가담정도가 어느정도 차이가 있다고 하더라도 앞서 본대로 원고는 D의 행위의 의미를 알면서 이에 가담한 것으로 보이고, 이 사건 부채를 주고받으면서 그림을 그리거나 글씨를 추가하는 행위를 하면서 서로의 행위를 부추긴 부분도 있다고 보이는 점, 이 사건 학교폭력은 2021. 4. 19.에 주로 이루어졌던 것으로 보이는 점, D는 자신의 잘못을 그대로 인정하면서 반성하는 태도를 보였던 점 등을 고려하면, 이 사건 위원회가 원고의 행위에 부여한 평가 점수가 부당하다고 보이지 않는다.

다) 원고의 판정점수 합계는 4점에 이르러 학교폭력 가해학생 조치별 적용 세부기준 제2조와 별표에 따라 '학교에서의 봉사' 조치를 하기에 충분한 판정점수에 해당한다.

라) 이 사건 처분으로 달성하고자 하는 가해학생의 선도·교육을 통해 학생을 건전한 사회구성원으로 육성하려는 공익이 이 사건 처분으로 인해 원고가 입게 될 불이익에 비해 결코 작다고 할 수도 없다.

4. 결론

그렇다면 이 사건 소 중 보호자에 대한 특별교육 2시간 처분의 취소를 구하는 부분은 부적법하여 이를 각하하고, 원고의 나머지 청구는 이유 없어 이를 기각하기로 하여, 주문과 같이 판결한다.

[행정] 대구지방법원2017구합21229

서면사과 취소 청구의 소

[판례 요약]

<요약>

1. 소송의 개요

초등학교 5학년에 재학 중인 가해학생이, 며칠 전 자신의 동생과 다투었다는 이유로 4학년인 피해학생의 반을 여러 번 찾아가 피해학생이 누구인지 물으면서 하급생을 시켜 피해학생을 찾아오라고 말하거나 찾으면 혼내주겠다는 등의 언행을 하자, 피고 학교장은 학교폭력대책자치위원회의 의결에 따라 가해학생의 행위를 학교폭력으로 보아 서면사과 처분을 하였고, 이에 대하여 가해학생의 학부모가 위 처분이 잘못되었다고 하면서 그 취소소송을 제기한 사안

2. 법원의 판단

가해학생의 위와 같은 행위는, 피해학생에게 어떠한 위해를 가할 듯한 언행을 보임으로써 이를 알게 된 피해학생은 상당한 두려움과 함께 정신적 피해를 입었으므로, 가해학생의 행위는 학교폭력예방 및 대책에 관한 법률에서 정한 '학교폭력'에 해당한다고 하면서 피고 학교장의 처분이 정당하다고 판단

Ⅰ. 법원의 판결

1. 원고의 청구를 기각한다.
2. 소송비용은 원고가 부담한다.

Ⅱ. 판결이유

1. 처분의 경위

가. 원고는 2016년 당시 ○○초등학교 5학년에 재학 중이던 학생이고, ●●●(이하 '피해학생'이라 한다)은 원고의 동생인 ◎◎과 함께 같은 학교의 4학년 3반에 재학 중이던 학생이다.

나. 피해학생의 어머니는 2016. 11. 21.『원고가 피해학생에게 2016. 10. 17.과 10. 20. 교실과 방과후 교실에서 혼내겠다는 협박과 '●●● 어디 있냐?'라는 위협을 하였다』는 내용으로 학교폭력 신고를 하였다.

다. 이에 피고는 관련 법령에 따라 학교폭력 전담기구를 구성하여 진상을 조사하였고, 2016. 11. 25. 학교폭력 전담기구 협의회를 개최하여 가해학생인 원고 및 피해학생, 그 보호자와 목격자를 대상으로 의견을 청취한 다음 ○○초등학교 학교폭력대책자치위원회(이하 '자치위원회'라고 한다)에 사안을 회부하였다.

라. 자치위원회는 2016. 12. 5. 회의를 개최하여 원고 및 피해

학생 측에 각 의견 진술의 기회를 준 다음, 위원 전원의 찬성으로 아래와 같이 가해학생인 원고에 대하여 학교폭력예방 및 대책에 관한 법률(이하 '학교폭력예방법'이라고 한다) 제17조 제1항 제1호에 따라 '피해학생에 대한 서면사과'의 조치를 할 것을 의결하였다. 이에 피고는 2016. 12. 7. 원고에게 위 조치결과를 통지하였다(이하 '이 사건 처분'이라 한다).

■ 조치원인

2016. 10. 17.과 2016. 10. 20. 점심시간과 쉬는 시간에 4-3 교실 복도에서,

① 원고가 피해학생을 확인하는 행동을 4-3 학생 여러 명에게 하였고,

② 원고는 피해학생을 혼내주겠다라는 내용의 말들을 하였고,

③ 원고는 4학년 하급생에게 시켜 ●●●을 찾도록 하였음. 이는 5학년인 원고의 4학년인 피해학생에 대한 협박으로 인정됨.

■ 조치사항

가해학생(원고) : 학교폭력예방법 제17조 제1항 제1호 서면사과

피해학생 : 부모의 요청에 따라 피해자 보호조치는 취하지 않음

마. 원고는 2016. 12. 26. 대구광역시교육청 행정심판위원회에 이 사건 처분의 취소를 구하는 행정심판을 청구하였으나, 2017. 2. 15. 기각되었다.

2. 이 사건 처분의 적법 여부

가. 원고의 주장

1) 절차적 하자가 있다는 주장

학교폭력 전담기구의 위원인 교감 ◆◆◆은 학교폭력 사안에 대하여 중립적인 조사의무가 있음에도 피해학생의 일방적인 진술에만 의존하여 편파적인 방법으로 조사하였다. 그리고 위 ◆◆◆은 원고의 기피신청에 의하여 이미 기피되었음에도 자치위원회의 결정 이후인 2016. 12. 6. 전담기구의 위원으로서 목격자들을 다시 불러 추가 조사를 시행하여 그 조사내용을 이 사건 처분에 반영하였다. 따라서 이 사건 처분은 위와 같은 절차상의 하자가 있으므로, 위법하다.

2) 학교폭력이 아니라는 주장

원고는 2016. 10. 17. 3일전에 발생한 동생 ◎◎◎과 피해학생과의 다툼으로 인하여 부모님이 점심시간에 학교에 온다고 하여 점심시간 종료 20분 쯤 전 4학년 3반 교실을 찾아가 학생들에게 '피해학생이 어디 있냐'고 물으면서 피해학생을 확인한 적이 있고, 2016. 10. 20. 1교시 음악수업을 마친 후 ◎◎◎에게 리코더를 빌려주기 위하여 다시 4학년 3반 교실을 찾아가 피해학생을 확인한 적은 있으나, 피해학생에게 '혼을 내주겠다'고 말하거나 4학년 하급생을 시켜 피해학생을 찾도록 한 적은 없다. 원고의 위와 같은 행위는 협박이라고 할 수 없으므로, 학교폭력예방법상의 학교폭력에 해당하지 않는다. 따라서 이 사건 처분은 처분사유가 존재하지 아니하여 위법하다.

나. 인정사실

1) 피고는 학교폭력 신고를 접수한 다음날인 2016. 11. 22. 학교폭력 전담기구를 구성하여 원고 및 피해학생, 증인들(4학년 3반 학생들)을 불러 학교폭력 사안을 조사하였고, 11. 25.에는 전담기구 위원 전원이 참석하여 해당 학생 및 보호자와 목격자를 대상으로 의견을 청취하였다. 전담기구가 조사하여 작성한 학교폭력 사안조사 보고서(갑 제5호증)의 주요 내용은 아래와 같다.

■ 10/17 행위 관련

○ 증인들 진술
- 원고가 점심시간 20분 전쯤에 4학년 3반 앞문으로 와서 15분 정도 문 앞에서 서서 "●●이 어디 있냐?"라고 다른 학생들에게 3번, 2번, 4번, 2번 정도 각각 물음.
- 원고는 다양한 위협적인 말과 행동을 했다. "●●● 나와!"라고 했다. (화난 표정으로) ◎◎◎에게 "혼내 줄게, 잡으면 죽여버릴거야"라고 말했다. "찍소리도 못하게 해줄게"라고 했다.
- 원고는 화난 것처럼 그리고 찡그리고 화난 표정으로 "●●이 어디있어?"라고 해서 ●●이가 위협받고 있는 것 같은 상황으로 느꼈다.

- ●●이 찾아라고 복도에 지나가는 학생들 전부에게 시켰

고, 원고는 복도에서 왔다갔다 하고 있었다.

- ●●●이 댄스방과후 교실에 있기 때문에 그곳으로 가서 ●●이가 교실로 못 오도록 알려줬다.

○ 피해학생 진술
- 상황을 듣고 방과후 교실에서 떨고 있다가 000가 지켜주겠다고 해서 교실에 왔는데, 원고는 없었다.

○ 원고 진술
- 피해학생을 찾아간 것은 학교경찰이 학교에 온다고 하였고, 부모님도 오신다고 해서 ◇◇이 상황이 궁금해서 4학년 3반 교실 뒷문쪽에 7분 정도 서 있었다. 여자 애들이 몇 명씩 들어오길래 ◇◇이에게 "얘가 ●●●이냐", ◇◇이 친구들에게도 "쟤가 ●●●이냐"라고만 말을 했고, 협박은 아니다. ●●●이 약간은 겁 먹을 것이지만, 크게 놀라지는 않았을 것이다. 교실에 머문 시간은 14분 정도이다. 3명 정도에게 5~6회씩, ◇◇이에게 3회 정도 ●●●을 찾았다. ●●● 에게 위협적인 말을 한 적 없고, 화난 표정도 없고 조용한 말로 이야기했다. ●●●을 찾은 이유는, 얼굴을 봐 두었다가 이후 싸우면 왜 싸웠어?라고 점잖게 타이르고 싶어서이다.

■ 10/20 행위 관련
○ 선생님 : 1교시 마치고 아이들이 교과 간다고 줄 서서 있었는데, 원고가 뒷문에 서 있었다.

○ 증인들 진술

- 이때도 원고가 ●●●을 찾았다.

○ 피해학생 진술
- 사물함에 앉아 있는데, 원고가 찾아와서 교실에 들어오지는 않고 뒷문 쪽에서 "●●이 어디있냐?"고 물어 ◎◎◎이 "●●이 여기 있다"고 하여 친구들이 가려주었다. 그날 원고가 무서워서 조퇴하였다.
- 그 후 자기를 괴롭힐까봐 무서워서 친구들이랑 같이 다니고 밖에는 많이 나가지 않았다. 원고가 자기를 괴롭힐까봐 걱정된다.

○ 원고 진술
- 리코더를 갖다 주러 갔는데, 사물함 위에 못보던 여학생이 있길래, ◇◇이로부터 ●●●임을 확인하였다. ●●●을 다시 찾은 이유는, 다시 ◎◎◎과 싸울 경우 ◎◎◎이 약해서 ●●●으로부터 맞을 것 같아서이다. ●●●이 조퇴한 것은 의도적이라고 생각하고, 조퇴할 정도로 위협하지 않았다. 사과할 마음은 없고, 학폭자치위까지 온 것은 ●●● 때문이다.

2) 학교폭력 전담기구의 조사 당시, 피해학생과 같은 반인 4학년 3반 학생들이 자신이 목격하거나 경험한 사실에 관하여 진술한 내용은 아래와 같다.

○ (을 제3호증의 2) 원고가 "●●●이 누구야?"라고 하여 ◎◎◎이 "저기 사물함에 앉아 있는 2번째"라고 했다. "●●● 나와!"라고 했는데, ●●●은 씹고 안 나갔다. 원고는 예

비종이 치자 달려갔다.

○ (을 제3호증의 3) ●●●이 어디있어라고 묻고 애들보고 찾아오라며 시켰다. ◎◎◎에게 "●●● 찾으면 혼내줄게", "●●● 어디있어", "●●● 찾으면 죽여버린다"하고, 지나가는 아이들에게 ●●● 어디 있냐고 물으며 여러 명에게 묻다가 시간이 다 되었는지 가버렸다.

○ (을 제3호증의 4) ●●이가 어디 있냐고 묻고 친구들 보고 찾으라고 시켰다. "형이 혼내줄게"라고 하며 ●●이를 기다리다가 계속 ◇◇이랑 이야기를 하면서 ●●이를 기다리다가 갔다.

○ (을 제3호증의 5) 우리 반에서 계속 ●●이 어디있냐고 물어서 수경이와 함께 ●●이를 찾으러 갔다. 그래서 점심시간이 끝났는데 가고, 또 다음날 와서 급식실에서도 찾았다. 그래서 ●●이와 같이 다녔다. ●●이와 같이 다니면서 많이 불안했다.

○ (을 제3호증의 6) 우리 반 앞에서 계속 ●●● 어디있냐고 물어보고 급식실에서도 ●●●을 찾고 싶어 했다. 그리고 다음날에서 또 와서 문 앞에서 불편하게 문을 막고 기다렸다. 반에 있는 것도 무섭고 ●●이가 들킬까봐 걱정된다. 그리고 ◎◎◎이랑 소곤소곤 거리면서 무슨 말을 계속하여서 불안했다.

3) 원고는 2016. 12. 5. 개최된 자치위원회에서, ◎◎◎과 ◎◎◎의 친구들로서 목격자들인 △△△, ▲▲▲과의 아래와 같은

카카오톡 메시지 내용 및 △△△, ▽▽▽이 각 작성한 아래와 같은 요지의 진술서를 증거자료로 제출하였다.

■ 카카오톡 메시지 내용 (갑 제6호증의 1, 2)

○ ◎◎◎ - △△△
 - 우리 형아가 ●●● 나와, 이런 말 했어? → 아니. ●●● 있냐고만 말했지.
 - 우리 형아가 얼굴 찡그리고 화내면서 나한테 ●●이 혼내줄게 잡으면 죽여버릴거야 라고 했어? → 아니
 - ●●이 찾아오라고 시켰어 → 안 시켰어

○ ◎◎◎ - ▲▲▲
 - 우리 형이 너한테 ●●● 찾아오라고 시켰어? ●●● 찾아오라고 말한 적 있어? → 협박은 안 했지만 내가 들었을 땐 어디 있냐고 물었어
 - 그래서 너한테 시켰냐고? → 시켰어.
 - 그러니까 우리 형이 ●●● 찾아봐 라고 했냐고? → 아니
 - 그럼 너는 ●●● 찾으러 다녔어? → 아니
 - 우리 형이 다른 친구들한테 ●●● 찾아오라고 말한적 있니? → 아니
 - 찍소리도 못하게 해줄게. 잡으면 죽여버릴거야라고 말한 적 있어? → 아니

■ 진술서 요지 (갑 제10호증의 1, 2)

○ ▽▽▽ 작성 진술서
 - (10/17) 점심시간에 나랑 △△이, ◇◇이가 있었는데, 원고가 우리한테 ●●●이 있냐고 물어보고 복도에 있는 사진을 보며 ●●●이 재야?라고 물었다. 원고는 절대 협박하는 말 같은 건 하지 않았다.

- (10/20) 쉬는 시간에 원고가 왔길래, ◇◇이 보고 "야! 니 형 왔다"라고 했다. 원고가 ◇◇이에게 리코더를 주고 침 잘 닦고 달라고 했다. 원고가 사물함 옆에 앉아 있는 친구를 보며 쟤가 ●●●이냐고 묻자 내가 아니야 라고 대답하고, ◇◇이가 옆에 있는 애가 ●●●이라고 말하니깐 원고가 알았어라고 말하고 갔다.

○ △△△ 작성 진술서
- (10/17) 점심시간에 ▽▽이, ◇◇이, 내가 있었는데 원고가 와서 "●●● 있어?"라고 묻고, 복도 사진을 보고 "쟤가 ●●●이야?"라고 해서 ◇◇이와 내가 맞다고 했다. 그리고 1분 있다가 갔다. 원고가 ●●● 죽이겠다는 말은 하지 않았다.

4) 자치위원회가 개최된 이후인 2016. 12. 6.과 같은 달 28.경 위 ▲▲▲, △△△, ▽▽▽이 교감 ◆◆◆ 및 전담기구 위원들과 면담하면서 진술한 주요 내용은 아래와 같다(을 제4호증의 1 내지 5 참조).

○ ▲▲▲ (12. 6.자 진술)
- 원고는 2~3번 교실로 ●●●을 찾으러 왔다.
- 문앞에서 ●●이 올때까지 기다리고 ●●● 어디있냐고 물었는데, ●●이가 겁을 먹을 것 같았다.
- ●●이를 찾아달라고 하였지만 찾지는 않았다.
- 카톡을 하면서, 처음에는 ◇◇이 같았는데 톡 내용이 평소와 다르게 착해서 ◇◇이 같지 않았다.
- 카톡으로 주고 받을 때 약간 쫄았다.

○ △△△

- (12. 6.자) 원고가 반에 왔을 때 "●●● 반에 있나?"" 있으면 말해죠" 두가지만 말했다. ●●이 혼낸다는 말을 했는지는 기억나지 않는다.

- (12.28.자) 2016. 12. 중순 어느 날 원고의 엄마가 전화가 와서 진술서를 써 달라고 하여 원고의 집에서 써 주었다. 기억이 나지 않는 부분(날짜, 복도에 있었던 학생의 숫자)은 원고 엄마가 가르쳐주었다. 지금 생각은 원고가 약 15분 정도 있었던 것 같은데, 그 때 복도에서 한 이야기는, '●●● 반에 있나? ◇◇이 나와봐라. ●●● 있으면 불러달라'이고, 원고는 계속 교실안을 두리번거리며 ●●●을 찾은 시간이 10분 동안이었다.

○ ▽▽▽

- (12/6자) 저번달쯤 집에 가다가 원고 엄마가 우연히 나를 보고 핸드폰으로 녹음하면서 원고가 ●●이에게 협박했는지 물어 그런 적 없다고 했다. 그런적 없다고 말한 이유는 내가 ◇◇이와 친하고 원고가 손해볼 일이 생길까봐 그런 적 없다고 얘기한 적이 있다. 원고는 점심시간에 두세번 교실 앞문쪽 복도로 찾아와서 ●●● 있는지 묻고 ●●●을 기다리다가 돌아갔다. 반에 와서 "●●● 있나?"라고 3~4명에게 묻고 기다리다 갔다. 원고가 ●●이를 협박한 적이 없다고 말한 것은 내가 원고와 함께 교실에 있었을 때는 그런 말한 적 없다는 뜻이었다.

- (12/28자) 2016. 12.중순 평일 하교 후 원고 엄마가 전화가 와서 진술서를 써 달라고 하여 원고 집에서 써 주었다.

원고가 사건이 있던 날 복도에 있었던 시간이 20분 정도인데 10분 정도라고 말한 것은 옆에서 원고 엄마가 "그렇게 오래 있지 않았다"고 하여 그렇게 적었다. 목요일 쉬는 시간에 대한 증언에서 '원고가 리코더를 주고 침 잘 닦고 달라했다는 이야기, 친구와 ●●● 쪽을 보고 한 이야기 등은 전혀 기억나지 않지만 나보고 했다고 ◇◇이가 말해주어 그렇게 적었다. 원고가 절대 협박하지 않았다는 말은 인정할 수 없어서 말도 안하고 안 적으려고 하였는데, 원고 엄마가 억지로 적어 달라 하여 그렇게 적었다.

5) 원고는 협박 피의사건으로 입건되어 2016. 12. 9. 대구북부 경찰서에서 조사를 받았는데, 주요 진술 내용은 아래와 같다.

○ 10. 17. 점심시간에 ◇◇이 반 뒷문 복도 쪽에서 어머니가 오실 때까지 기다리다가 ◇◇이와 ◇◇이 친구들에게 "●●●이 누구야"라고 물었고, 애들이 "여기 ●●● 없다"라고 하여 어머니를 기다리는데, 여자 애들이 반으로 들어가기에 다시 "얘가 ●●●이야?"라고 물었는데 "아니다"라고 하였다. 그리고 ◇◇이 친구 ▲▲▲이 갑자기 혼자 '자기가 찾아보겠다'면서 교실을 나갔다. 그래서 저는 제 반에 갔다가 6학년 교실에도 잠깐 갔다가 내려 왔는데 ▲▲▲이 "●●● 없는데, 밥 먹거나 운동장에 있는 거 같다"라고 얘기하였다. 그래서 제가 "알겠다"라고 하고, 또 여자애가 들어오기에 또 ◇◇이랑 ◇◇이 친구들에게 물었다.

6) 원고는 2016. 12. 1. 피고에게, 교감 ◆◆◆이 불공정한 사실조사를 하는 등 공정한 심의를 기대하기 어렵다는 이유로,

위 ◆◆◆에 대한 자치위원회 위원 기피 신청을 하였다. 자치위
원회는 2016. 12. 5. 위 기피 신청을 인용하지 않았지만, 교감
◆◆◆은 스스로 회의에 불참하였고 박영춘 위원이 임시 위원장
이 되어 회의를 진행하였다.

7) 한편, 원고의 동생인 ◎◎◎은 2016. 10. 14. 피해학생이
과자를 달라는 자신의 요청을 거부하였다는 이유로 피해학생을
폭행하였다는 사안으로 2016. 11. 3. 자치위원회에 회부되었는
데, 자치위원회는 ◎◎◎에 대하여 서면사과 조치를 의결하였고,
이에 피고는 2016. 11. 7. ◎◎◎에게 서면사과 처분을 하였다.
◎◎◎ 측은 이에 대하여 대구광역시교육청행정심판위원회에 행
정심판을 청구하였으나, 2017. 2. 15. 기각되었다.

8) ◎◎◎의 위 폭행 및 원고의 이 사건 행위에 대하여, 각
대구가정법원 2016푸3219호 및 같은 법원 2016푸3220호로 소
년보호사건이 진행되었으나, 2017. 5. 17. 보호처분의 필요가 없
다는 이유로 모두 불처분결정이 내려졌다.

다. 판단
1) 절차적 위법 여부
앞서 든 인정사실에 비추어 보면, 학교폭력 전담기구의 위원인
교감 ◆◆◆이 피해학생의 일방적인 진술에만 의존하여 편파적인
방법으로 부당한 조사를 한 것으로는 보이지 않고, 이와 관련된

원고의 주장을 인정할 만한 증거도 없다. 또한, 위 ◆◆◆에 대한 자치위원회의 기피 결정이 있었던 것도 아니므로, ◆◆◆이 기피되었음을 전제로 한 원고의 나머지 주장 역시 이유 없다. 뿐만 아니라, 피고의 이 사건 처분은 학교폭력예방법 제17조에 따라 자치위원회가 2016. 12. 5. 회의에서 결정하여 요청한 가해학생에 대한 조치를 그대로 통보한 것으로서, 자치위원회의 결정 이후에 전담기구에서 추가 확인을 위한 조사를 하였다고 하여 그것이 법령에 위반되는 위법한 것이라고 볼 만한 아무런 근거가 없고 더욱이 위 추가 조사가 이 사건 처분에 부당하게 영향을 미쳤다고 볼 만한 근거도 없다. 원고의 이 부분 주장은 이유 없어 받아들이지 아니한다.

2) 학교폭력에 해당하는지 여부

가) '학교폭력'이란 학교 내외에서 학생을 대상으로 발생한 상해, 폭행, 감금, 협박, 약취·유인, 명예훼손·모욕, 공갈, 강요·강제적인 심부름 및 성폭력, 따돌림, 사이버 따돌림, 정보통신망을 이용한 음란·폭력 정보 등에 의하여 신체·정신 또는 재산상의 피해를 수반하는 행위를 말한다(학교폭력예방법 제2조 제1호). 가해학생의 어떠한 행위가 형법상 폭력행위에 관한 범죄의 구성요건을 충족할 경우 위 학교폭력에 해당하는 것은 당연하다. 그러나 한편, 학교폭력예방법은 학교폭력의 예방과 대책에 필요한 사항을 규정함으로써 피해학생의 보호, 가해학생의 선도·교육 및 피해학생과 가해학생 간의 분쟁조정을 통하여 학생의 인권을 보

호하고 학생을 건전한 사회구성원으로 육성함을 목적으로 하므로 (제1조), 이와 같은 법의 목적 등을 고려하여 본다면 반드시 형법상의 범죄구성요건을 완전히 충족하여야 학교폭력에 해당한다고 제한적으로 해석할 것은 아니고, 객관적으로 보아 피해학생의 신체.정신 또는 재산에 피해를 줄 만한 가해학생의 유형적인 행위가 있고, 그 행위의 의미 및 정도가 피해학생의 인권을 보호하고 가해학생에 대한 교화.육성이 필요할 정도로 가볍지 않으며, 가해행위로 인하여 피해자가 실제 신체적.정신적 고통을 호소하고 있다면, 학교폭력으로 보아 피해학생의 보호 및 가해학생에 대한 조치 등 그에 상응하는 대책을 강구하여야 한다.

나) 위 법리에 비추어 이 사건을 살펴본다. 위 인정사실에 비추어 알 수 있는 다음과 같은 사정들을 종합하여 보면, 원고는 피해학생에게 위해를 가할 듯한 언행을 보여 피해학생에게 정신적 고통을 주었고, 그 행위의 경위 및 태양, 정도에 비추어 학교교육의 목적상 결코 가볍다고 볼 수도 없으므로, 원고의 행위는 학교폭력예방법에서 정하고 있는 학교폭력에 해당한다고 보는 것이 타당하다.

① 앞서 본 바와 같은 원고 본인의 진술 및 피해학생의 진술, 그리고 목격자들의 진술을 종합하면, 적어도 원고는 2016. 10. 17.과 10. 20. 2회에 걸쳐 피해학생이 있는 반을 찾아가 같은 반 학생들에게 피해학생이 누구인지, 어디에 있는지를 여러

차례에 걸쳐 반복적으로 묻고 확인하였으며, 학생들이 현장에 없다고 얘기하였음에도 교실을 떠나지 않은 채 피해학생을 기다린 사실은 명백하다. 원고가 피해학생보다 상급생일 뿐만 아니라 더욱이 며칠 전 피해학생이 당한 학교폭력의 가해자인 ◎◎◎의 친형이라는 점에서 원고가 특별한 이유 없이 피해학생과 ◎◎◎이 속한 반에 직접 찾아와 지속적.반복적으로 피해학생이 누구인지 확인하고 찾는 행위는 그 자체로 피해학생에게 위협이 될 수 있다.

② 원고는 처분의 원인되는 행위들 중, '혼내주겠다'는 말을 하거나 하급생으로 하여금 피해학생을 찾도록 시킨 적은 없다고 이를 부인한다. 그러나 학교폭력 전담기구 위원들이 사건 초기에 당시 상황을 목격한 학생들을 상대로 조사한 내용에 따르면, 학생들은 대부분이 원고가 화난 표정을 짓거나 피해학생을 찾으면서 혼내주겠다는 말을 하였고 피해학생을 찾아오라고 시켰다고 비교적 일관되게 진술하였다.

그리고 원고 본인도 수사기관에서 '▲▲▲이 ●●●을 찾아보겠다고 교실을 나섰고 이후 원고에게 ●●●이 교실에 없는 것 같다고 이야기하였다'라고 진술한 점, ▲▲▲이 원고로부터 어떠한 말도 들은 적이 없음에도 자발적으로 ●●●을 찾으러 나간 것으로는 보기 어려운 점, 원고가 제출한 카카오톡 메시지의 내용을 보더라도 ▲▲▲이 대화 초기에는 원고가 ●●●을 찾아보라고 시켰다고 분명히 답변한 점, 실제로 위와 같은 원고의 행동에 대하여 같은 반 학생들이 다른 장소에 있던 피해학생을 찾아가 원고가 ●●●을 찾고 있다는 점을 알려 준 점, 원고가 피해학생의 반을 찾아가게 된 경위나 당시의 상황, 목적 등에 비추어 화난 표정을 짓거나 혼내주겠다는 등의 거친 말을 하였을 것으로 추정되는 점 등의 사정에 비추어 보면, 목격자들의 위와 같은 진술은 그 신빙성이 매우 높다.

목격자들의 위와 같은 진술에다가 위에서 본 바와 같은 사정들을 더하여 보면, 원고는 화난 표정을 짓거나 혼내주겠다는 등의 위협적 언동을 하면서 피해학생을 찾거나 찾아오라고 지시함으로써, 위와 같은 상황을 전해들은 피해학생으로서는 상당한 두려움을 느껴 정신적 고통을 받을 수밖에 없었던 것으로 보이고, 실제로 피해학생은 불안감을 느끼면서 결국 10. 20.에는 조퇴까지 한 사실을 알 수 있다.

③ 원고는 2016. 10. 17. 피해학생의 교실을 방문한 것은 부모님이 점심시간에 경찰관과 함께 학교에 온다는 사실을 알고 어머니를 만나기 위해서나 동생이 걱정되었기 때문이고, 10. 20.에 교실을 방문한 것은 동생에게 리코더를 빌려주기 위한 것이었다고 주장한다. 그러나 앞서 본 바와 같이 위 교실을 방문하여 원고가 머무른 시간, 원고가 한 말과 보여 준 행동, 관련 학생들의 일부 진술, 피해학생을 타이르거나 동생이 맞을까봐 교실을 찾아갔다는 원고 본인의 진술 등에 비추어 보면, 원고는 며칠

전 동생과 다투었던 일에 대하여 항의 또는 보복을 목적으로 피해학생이 있는 교실을 찾아간 것으로 보이므로, 원고의 위 주장은 믿기 어렵다.

④ 목격자들 중의 일부 학생들은 조사 초기의 진술을 일부 변경하여 원고가 피해학생을 찾아오라고 시키거나 혼내주겠다는 말을 한 적이 없다는 등 원고의 변소에 일부 부합하는 듯한 진술서를 작성하였지만, 위 진술서가 작성되게 된 경위나 그 후의 진술 내용 등에 비추어 보면 위와 같이 원고에게 유리하게 변경된 진술들은 그 신빙성을 쉽게 인정하기 어렵다.

⑤ 원고는 2016. 10. 17. 교실 방문시에는 피해학생이 현장에 없었고, 원고의 행동만으로는 피해학생이 위협을 느꼈다거나 두려움을 느낄 수 없었다는 취지로 주장한다. 그러나 피해학생은 당시 같은 반 학생들로부터 원고의 위협적인 언동 및 자신을 찾고 있다는 얘기를 전해 들음으로써 상당한 두려움을 느꼈던 것으로 보이고, 당시의 상황에 비추어 원고 역시 자신의 위협적인 언동이 피해학생에게 그대로 전달될 것이라는 사정을 알았거나 알 수 있었을 것으로 보인다. 그리고 해악의 고지는 반드시 명시의 방법으로 해야 하는 것은 아니고 언어나 거동으로 상대방으로 하여금 어떠한 해악에 이르게 할 것이라는 인식을 갖게 하는 것이면 충분하며, 또한 직접적이 아니더라도 제3자를 통해서 간접적으로 할 수도 있으므로(대법원 2002. 12. 10. 선고 2001도7095

판결, 대법원 2003. 5. 13. 선고 2003도709 판결 등 참조), 원고의 교실 방문 당시 피해학생이 현장에 없었다거나 피해학생의 면전에서 직접적인 폭언이나 협박이 없었다고 하여 원고의 행위가 학교폭력에 해당하지 않는다고는 볼 수 없다.

다) 따라서 원고의 행위가 학교폭력이 아니라는 이 부분 주장 역시 이유 없다.

3. 결론

원고의 청구는 이유 없으므로, 이를 기각하기로 하여 주문과 같이 판결한다.

[행정] 창원지방법원 2022구단10383
학교폭력 조치 처분 취소

I. 법원의 판결

1. 원고의 청구를 기각한다.
2. 소송비용은 원고가 부담한다.

II. 판결이유

1. 처분의 경과

가. 원고와 소위 B, C(이하 '피해학생'이라 한다). D, E 2021학년도에 ○○시에 위치한 A 중학교 2학년, 소외 F(이하 원고, 피해학생을 제외한 나머지 학생들을 '관련 학생'이라 한다)는 ○○시 B 2학년에 각 재학 중인 학생이었다.

나. 경상남도○○○○지원청 학교폭력대책심의위원회(이하 '이 사건 심의위원회'라 한다)는 2021. 12. 22. 및 같은 달 23. 및 2022. 1. 15. 심의를 각 개최한 뒤, 아래와 같은 이유(이하 '이 사건 조치원인'이라고 한다)를 들어 학교폭력예방 및 대책에 관한 법률(이하 '학교폭력예방법'이라 한다) 제17조에 따라 원고를 E의 학교폭력 피해학생으로 보고 '조치 없음' 처분을, B, C에 대

한 가해학생으로 보고 출석정지 5일(제1항 제6호), 학생 특별교육 8시간(제3항), 보호자 특별교육 5시간을 각 의결하였다.

> ■ 가해학생: 원고, 피해학생: B, C
> ○ 2021. 7일경 원고는 SNS 메신저를 통해 반 친구들에게 C에 대하여 '걸ㄹ['등으로 욕설한 사실이 있고, 2021. 7.경부터 8.경 사이에 원고는 페이스북 프로필에서도 'C 미친년'등으로 기재하여 C에게 정신상 피해를 유발하였다.
>
> ○ 2021. 5.경 B에게 영상통화를 걸어 B에게 담배를 피워보로가 말한 후, 담배피우는 사진 등을 B의 동의없이 촬영하고 온라인상에 등재하여 B에게 정신상 피해를 유발하였다.
>
> ○ 2021. 5.~6경. B가 담배피는 사진을 페이스북 단체방에 업로드하고, B에게 '개꿀초년이', '돼지 년'등 비하하는 내용의 글과 사진을 페이스북 단체메시지방, 카카오톡 프로필, 페이스북 게시물 등에 등재하여 B에게 정신상 피해를 유발하였다.
> ■ 가해학생: E, 피해학생: 원고
> ○ E은 2021. 12. 중순경 SNS상 "그년이 씨발 개쌍년 차라리 존나 패고 눈까리 실명시키고 걍 죽이고"등 피해학생과 피해학생의 부모님을 대상으로 욕설과 위협적인 내용을 기재하여 원고에게 정신상 피해를 유발하였음이 인정된다.

다. 피고는 2022. 1. 26. 원고 및 E. D에게 이 사건 각 의결과 같은 내용의 조치를 부과하는 처분(이하 '이 사건 처분'이라 한다)을 하였다.

2. 원고의 주장
가. 절차상 하자
1) 사전통지의무 위반

원고는 2021. 12. 22. 개최되기로 한 이 사건 1회 심의위원회 참석과 관련하여 개최 일주일 전인 2021. 12. 15. 송달받았고, 2022. 1. 15. 다시 개최되기로 한 2회 심의위원회 참석요청서는 2022. 1. 11.에서야 송달받았는바, 이는 행정절차법 제21조 제2항을 위반하여 원고에게 의견제출에 필요한 충분한 기간을 부여하지 않았으므로, 이 사건 심사위원회의 의결을 기초로 한 이 사건 처분은 위법하다.

2022. 1. 15. 2회 심의위원회의 참석요청서에는 '2021. 9.경 교내 스포츠 시간 강당의자 및 SNS상에서 원고가 반친구들에게 C에 대한 욕설을 함'이라고 기재한 반면, 조치결정 통보서에서는 여름방학 중인 2021. 7.경 및 2021. 7.에서 8.사이로 그 일시가 변경되었는데, 이는 행정절차법 제22조 제3항을 위반하여 원고는 의견진술의 기회를 제대로 부여받지 못하였으므로 이 사건 심의위원회의 의결을 기초로 한 이 사건 처분은 위법하다.

2) 적절한 분리조치 불이행

원고는 2021. 12. 22. 이 사건 1회 심의위원회 참석시 원고에게 집단따돌림의 가해를 한 관련 학생들과 적절히 분리되지 못한 채 극심한 트라우마에 시달린 상태로 대기하게 되면서 헌법 제10조에서 보장하는 인격권이 침해되어 의견진술의 기회를 제대로 보장받지 못하였고, 이에 따라 2회 심의위원회에는 참석을 할 수 없을 정도에 이르게 되었는바, 이 사건 심의위원회의 의결을 기초로 한 이사건 처분은 위법하다.

나. 실체상 하자: 처분사유의 부존재

1) 이 사건 조치원인 중 1.의 가.항 기재 행위 부분과 관련하여, 원고는 C에게 위 부분 기재와 같이 욕설하거나 페이스북 프로필에 기재한 사실이 없고, 당시 반 친구들 사이에서는 SNS 메신저 자체가 존재하지 않았다.

2) 이 사건 조치원인 중 1.의 나.항 기재 행위 부분과 관련하여, 원고는 B에게 담배를 피워보라고 말한 사실이 없고, 다만 B는 원고와 전화 중 자신의 집에서 갑자기 일반전화를 영상통화로 바꾼 후 스스로 담배를 피웠을 뿐이며, B는 원고의 영상통화 캡처에 '찍어도 괜찮'라고 말하는 등 동의하여 주었다.

3) 이 사건 조치원인 중 1.의 다.항 기재 행위 부분과 관련하여, 원고는 B와 사이가 나빠진 후 2021년 1학기 때 E, D 등 총 5명이 있는 페이스북 단체 대화방에서 B에 대하여 비하하는 말을 했던 것은 맞지만, B에 대한 험담을 더 많이 한 사람은 E, D

으로 원고의 행위만을 두고 학교폭력으로 의율할 수 없고, 원고는 카카오톡 프로필에 위와 같은 글과 사진을 게재한 사실이 없다.

다. 실체상 하자: 재량권 일탈남용

가사 이 사건 처분 중 일부가 인정된다 하더라도, 그 정도가 심각한 E의 원고에 대한 학교폭력의 정도 등을 감안할 때, 피해학생이기도 한 원고에게 아무런 보호조치를 취하지 아니하면서 가해학생으로서 가장 무거운 조치를 부과한 이 사건 처분은 현저히 형평성에 어긋나는 것으로 재량권을 일탈·남용하여 위법하다.

3. 본안에 대한 판단

가. 절차상 하자 주장에 대하여

1) 사전통지의무 위반 여부

가) 관련 법리

행정절차법 제21조 제1항, 제4항, 제22조 제1항, 제3항, 제4항에 의하면, 행정청이 당사자에게 의무를 부과하거나 권익을 제한하는 처분을 하는 경우에는 미리 '처분의 제목', '처분하려는 원이 되는 사실과 처분의 내용 및 법적 근거', '이에 대하여 의견을 제출할 수 있다는 뜻과 의견을 제출하지 아니하는 경우의 처리방법', '의견제출기관의 명칭과 주소', '의견제출기한' 등의 사항을 당사자 등에게 통지하여야 하고, 의견 제출기한은 의견제출에 필요한 상당한 기간을 고려하여 정하여야 하며, 다른 법령 등에서 필수적으로 청문을 하거나 공청회를 개최하도록 규정하고 있지 아니한 경우에도 당사자 등에게 의견제출의 기회를 주어야 하며, 다만 '해당 처분의 성질상 의견청취가 현저히 곤란하거나 명백히 불필요하다고 인정될 만한 상당한 이유가 있는 경우' 등에 한하여 처분의 사전통지나 의견청취를 하지 아니할 수 있다. 따라서 행정청이 침해적 행정처분을 하면서 당사자에게 위와 같은 사전통지를 하거나 의견제출의 기회를 주지 아니하였다면, 그 사전총지나 의견제출의 예외적인 경우에 해당하지 아니하는 한, 그 처분은 위법하여 취소를 면할 수 없다. 이처럼 행정절차법이 당사자에게 의무를 부과하거나 권익을 제한하는 처분을 하는 경우에 사전통지 및 의견청취를 하도록 규정한 것은 불이익처분 상대방의 방어권 행사를 실질적으로 보장하기 위함이다(대법원 2020. 4. 29. 선고 2017두31064 판결 등 참조).

한편 학교폭력예방법 제5조 제1항에 의하면 학교폭력의 규제, 피해학생의 보호 및 가해학생에 대한 조치에 있어서 다른 법률에 특별한 규정이 있는 경우를 제외하고는 같은 법을 적용하여야 하고, 학교폭력예방법 제17조 제5항에 따르면 심의위원회는 교육장에게 가해학생에 대한 조치를 요청하기 전에 가해학생 및 보호자에게 의견진술의 기회를 부여하는 등 적정한 절차를 거쳐야 한다. 이는 가해학생에 대한 조치를 요청함에 있어 가해학생에게 문제 상황을 정확히 파악하게 하고, 의견진술의 기회를 부여함으로써 방어의 기회를 주며, 이에 따라 적절한 조치를 하기 위한 것이므로, 위 조항에 따른 적장한 절차에는 회의를 개최하기 전 가해학생과 보호자에게 회의의 원인이 된 학교폭력의 구체적 사실을 통지하는 것이 포함된다고 해석된다.

따라서 가해학생과 보호자가 그 조치하려는 원인이 되는 사시에 관하여 미리고지를 받고 의견을 진술한 기회를 부여받은 것으로 평가할 수 있다면 학교폭력예방법 제17조 제5항이 정한 적정한 절차를 거쳤다고 할 수 있고, 이러한 경우에는 행정절차 법 제3조 제1항에 의하여 행정절차법의 적용이 배제되는 '다른 법률에 특별한 규정이 있는 경우'에 해당하여 사전통지 및 의견제출 기회 제공과 관련된 위 행정절차법 조항이 적용되지 아니하거나, 그 규정 취지가 동일한 점에 비추어 위 행정절차법 조항에 의한 사전통지 및 의견제출 기회 제공의 절차도 거친 것으로 봄이 타당하다.

나) 이 사건의 경우

갑 제2호증, 을 제1 내지 5호증의 각 기재와 변론 전체의 취지에 의하여 알 수 있는 아래 사정을 앞서 본 법리에 비추어보면, 가해학생인 원고와 그 보호자에게 이 사건 처분의 원인이 되는 학교폭력의 구체적 내용에 관한 고지가 미리 이루어졌으며, 그에 관한 의견을 진술한 기회 또한 부여되었던 것으로 보이므로, 이 사건 처분은 학교폭력예방법 제17조 제5항이 정한 적정한 사전절차를 거친 것으로 평가할 수 있다. 따라서 원고의 이 부분 주장은 이유 없다.

① 원고 및 보호자는 2021. 10. 20.경 이 사건 조치원인과 관련하여 확인서를 자필로 작성하는 등 원고와 보호자는 심의위원회가 개최된 일시로부터 1달 이전부터 이 사건 학교폭력 사안에 관하여 인지하였다.

② 원고와 그 보호자가 심의위원회 개최 7일 전인 2021. 12. 15. 이 사건 심의위원회 개최 일시가 기재된 참석통지서를 송달받았다고는 하나, 학교폭력예방법 제17조 제5항에서는 가해학생 및 보호조에게 의견진술의 기회를 부여하여야 한다고 규정하였을 뿐 그러한 의견청취를 위한 심의위원회 개최 통지서의 송달기간에 관하여 규정하고 있지는 아니한 점, 원고와 그 보호자에게는 이 사건 학교폭력 사안에 관하여 인지한 때부터 이 사건 심의위원회 개최에 이르기까지의 기간 동안 의견을 제출한 시간이 있었던 점, 실제로 원고와 보호자는 개최된 이 사건 1회 심의위원회에 참석하여 이 사건 학교폭력 사안에 관한 자신들의 의견을 개진한 점 등에 비추어보면, 비록 이 사건 심의위원회 개최에 관한 통지가 다소 촉박하게 이루어졌다고 하더라도, 원고와 그 보호자는 처분의 사전통지 및 의견제출 기회 제공에 준하는 절차상 권리를 부여받았다고 인정된다.

2) 적절한 분리조치 불이행 여부

가) 관련 규정

학교폭력예방법 제16조 제1항에 의하면, 심의위원회는 피해학생의 보호를 위하여 필요하다고 인정하는 때에는 학내외 전문가에 의한 심리상담 및 조언 등 보호조치를 교육장에게 요청할 수 있고, 학교의 장은 학교폭력사건을 인지한 경우 피해학생의 반대의사 등 특별한 사정이 없으면 지체없이 가해자와 피해학생을 분리하는 조치를 취하여야 한다고 규정하고 있으나, 심의위원회 개최 및 출석과 관련하여서는 별도의 규정을 두고 있지 않다. 하지만 심의위원회 개최시에도 피해학생으로 하여금 충분한 의견진술의 기회를 부여받을 수 있도록 적절한 분리조치가 이루어져야 한다고 보아야 할 것이다.

한편, 교육부가 발간한 2022년 학교폭력 사안처리 가이드북에 의하면, 심의위원회 개최 시 피해학생의 대기실과 가해학생의 대기실을 분리 운영하여 관련 학생의 불필요한 접촉을 방지하도록 안내하고 있다.

나) 판단

이 사건 심의위원회 회의 개최 당시 피해학생 대기실과 가해학생 대기실이 별도로 분리되어 마련되어 있지 않았던 사실은 당사자 사이에 다툼이 없다.

다만 이 사건 심의위원회에서는 원고를 비롯한 관련 학생들을 분리하여 의견청취하기 위하여 시간대를 달리하여 참석요청을 하였고, 다른 학생의 대기 장소를 심의위원회실과 분리된 곳으로 따로 마련하였으나, 원고의 이동과정에서 관련 학생들과 눈이 마주치게 된 것으로 보이는 바, 사정이 이와 같다면, 원고가 내세우는 사정만으로 적절한 분리조치가 취해지지 않아 원고에게 의견진술의 기회가 제대로 부여되지 않았다고 단정할 수는 없으므로, 이와 다른 전제에 선 원고의 이 부분 주장은 이유 없다.

나. 처분사유 부존재 주장에 대하여

1) 관련 법리

학생들이 학교생활을 하는 과정에서 발생하는 모든 갈등이나 분쟁을 학교폭력으로 의율하는 것은 바람직하지 않기 때문에, 학교폭력예방법 제2조 제1호는 '학교폭력'의 개념에 관하여 '학교 내외에서 학생을 대상으로 발생한 상해, 폭행, 감금, 협박, 약취·유인, 명예훼손·모욕, 공갈, 강요·강제적인 심부름 및 성폭력, 따돌림, 사이버 따돌림, 정보통신망을 이용한 음란·폭력 정보 등에 의하여 신체·정신 또는 재산상의 피해를 수반하는 행위를 말한다.'라고 명확히 규정하고 있고, 제3조는 "이 법을 해석·적용하는 경우 국민의 권리가 부당하게 침해되지 아니하도록 주의하여야 한다."고 규정하고 있는데, 이는 '학교폭력' 개념의 확대해석으로 인하여 지나치게 많은 학교폭력 가해자를 양산하거나, 같은 행위를 두고서도 그것을 학교폭력으로 문제를 삼는지에 따라 위 법에 따른 조치대상이 되는지 여부가 달라지는 것을 방지하기 위한 취지의 규정으로 볼 수 있다. 특히 학교생활 내외에서 학생들 사이에 크고 작은 갈등이나 분쟁의 발생은 당연히 예상되고 학교폭력으로 인하여 학교폭력예방법 제17조 제1항에 열거된 조치를 받은 경우 이를 학교생활기록부에 기재하고 졸업할 때까지 보존하게 되므로, 일상적인 학교생활 중에 일어난 어떤 행위가 학교폭력예방법상의 정의 규정에 해당하는지 여부는 그 발생 경위와 상황, 행위의 정도 등을 신중히 살펴 판단할 필요성이 있다.

2) 구체적인 판단

살피건대 앞서 든 증거들 및을 제3 내지 10호증의 각 기재에다가 변론 전체의 취지를 종합하여 인정되는 다음과 같은 사실 내지 사정들에 의하면, 원고가 이 사건 조치원인 기재와 같이 피해학생에게 말한 사실을 인정할 수 있고, 이와 같은 발언의 내용 및 경위 등에 비추어 볼 때 상급생인 피해학생에게 정신상의 피해를 수반하는 행위로서 학교폭력예방법에 정한 학교폭력에 해당한다고 볼 수 있으므로, 이에 반하는 원고의 이 부분 주장은 이유 없다.

① 이 사건 심의위원회는 출석한 피해학생들의 진술 내용이 구체적이고 일관성이 있으며, 비록 직접적인 캡처 사진 등을 없다 하더라도, 원고가 사건 전후로 관련 학생들과 주고받은 카카오톡 메시지 등 관련 자료 내용에 비추어 볼 때 이에 관한 피해

학생들 진술의 신빙성을 인정할 수 있어, 이 사건 조치원인 기재 부분 사실을 인정할 수 있다고 의결하였고, 이 사건 심의위원회의 사실판단을 배척한 만한 특별한 사정은 없다.

② 이 사건 조치원인 중 1.의 나. 및 다.항 기재 행위 부분과 관련하여, 원고가 주장하는 바에 따라 당시 원고가 피해학생 B와 친분관계가 있었다 하더라도, 피해학생에 대한 영상통화 캡처에 관한 명시적인 동의가 이루어졌을 것으로 인정할 수 있을 만한 특별한 정황이 있었다고 보기 어렵고, 특히 원고가 피해학생의 동의 없이도 위 학생의 사진을 메신저로 전송하는 행위를 수차례 했던 사정 등을 감안할 필요가 있다.

다. 재량권 일탈·남용 주장에 대하여

1) 학교폭력예방법 제17조 제1항은 '심의위원회는 피해학생의 보호와 가해학생의 선도·교육을 위하여 가해학생에 대하여 다음 각 호의 어느 하나에 해당하는 조치(수 개의 조치를 동시에 부과하는 경우를 포함한다)를 할 것을 교육장에서 요청하여야 하며, 각 조치별 적용 기준은 대통령령으로 정하낟."라고 규정하면서 9가지의 조치에 관하여 규정하고 있고, 같은 법 시행령 제19조는 법 제17조 제1항의 조치별 적용기준으로 가해학생이 행사한 학교폭력의 심각성·지속성·고의성(제1호), 가해학생의 반성 정도(제2호), 해당 조치로 인한 가해학생의 선도가능성(제3호), 가해학생 및 보호자와 피해학생 및 보호자 간의 화해의 정도(제4호), 피해

학생이 장애학생인지 여부(제5호)를 고려하여 결정하고, 그 세부적인 기준은 교육부장관이 정하여 고시한다고 규정하고 있다.

그 위임에 따른 「학교폭력 가해학생 조치별 적용 세부기준 고시」(2020. 5. 1. 개정 교육부고시 제2020-227호)(이하 '이 사건 고시'라 한다) 제2조 제1항 [별표]는 구체적으로 학교폭력의 심각성, 지속성, 고의성, 가해학생의 반성 정도, 화해정도 영역을 나누고 각 영역마다 0점부터 4점까지 점수를 부과하여 총점을 산정한 후 그에 따라 가해학생에 대한 조치를 하도록 정하고 있고, 부가적으로 '해당 조치로 인한 가해학생의 선도 가능성', '피해학생이 장애학생인지 여부'를 고려하여 조치를 가중하거나 감경할 수 있다고 정하고 있다.

위와 같은 규정의 내용, 형식 및 취지 등에 비추어 보면, 해당 학교의 장이 학교폭력 가해학생에 대하여 어떠한 조치를 할 것인지 여부는 학교의 장의 판단에 따른 재량행위에 속하고, 학교폭력에 대한 조치가 사회통념상 현저하게 타당성을 잃어 재량권을 일탈·남용하였는지 여부는 학교폭력의 내용과 성질, 조치를 통하여 달성하고자 하는 목적 등을 종합하여 판단하여야 한다.

2) 앞서 든 각 증거들과 변론 전체의 취지를 종합하여 알 수 있는 다음과 같은 사정들을 앞서 본 관련 법령의 내용과 취지에 비추어 보면, 원고가 주장하는 사정을 참작한다고 하더라도 이 사건 처분이 사회통념상 현저하게 타당성을 잃을 정도로 원고에

게 지나치게 가혹하여 그 재량권의 범위를 일탈하거나 재량권을 남용한 것이라고 볼 수 없으므로, 원고의 이 부분 주장도 이유 없다.

① 피해학생의 보호, 가해학생의 선도·교육 및 피해학생과 가해학생간의 분쟁조정을 통하여 학생의 인권을 보호하고 학생을 건전한 사회구성원으로 육성하려는 학교폭력예방법의 입법 취지와 이를 위하여 심의위원회를 별도로 마련한 학교폭력예방법의 규정 내용 등을 고려할 때, 교육전문가인 교육장이 심의위원회의 요청에 따라 교육목적과 내부질서유지를 위하여 징계처분을 한 결과는 가능한 존중되어야 한다.

② 이 사건 심의위원회는 원고가 주장하는 사정 등을 고려하여 1) 이 사건 조치원인 기재 학교폭력은 타인의 동의도 없이 찍은 사진 및 동영상을 SNS에 만연히 게시하는 등 이를 유포하고, 모욕적인 발언 등을 지속적으로 게시한 것으로, 원고의 학교녹력을 가볍게 볼 수 없다며 '심각성'을 3점(높음)으로, 2) 이 사건 학교폭력은 피해학생들에 대하여 계속적으로 이루어진 점 등을 감안하여 '지속성'은 2점(보통)으로, 3) 원고가 그 행위의 의미를 인지하고도 피해학생들은 욕하기 위한 수단으로 이를 반복하여 이용하는 등 하였다는 점 등을 감안하여 '고의성'을 2점(보통)으로, 4) 원고가 학교폭력 중 일부를 인정하기는 하나 자신의 행동을 부인하거나 정당화하려는 태도를 보이고 있는 점 등을 감

안하여 '반성정도'는 2점(보통)으로, 5) 원고가 피해학생들에게 사과하지 않았으나, 잘 지내고 싶다는 의견을 밝히는 점 등을 감안하여 '화해정도'를 3점(낮음)으로, 총 13점을 배점하였고, 이는 이 사건 고시 규정상 '학급교체'(제7호)에 해당하나, 원고에게 학교폭력의 전력이 없는 점, 원고 역시 정신적 고통을 입은 것으로 보이는 점 등을 감안하여 감경조치를 하여 '출석정지'(제6호)를 의결하였다.

③ 이에 더해 이 사건 심의위원회는 원고가 피해학생이자 가해학생인 점 등을 감안하여 피해학생으로서 대한 보호조치는 별도로 취하지 않았고, 원고가 학교폭력의 심각성을 인식하고 이에 대한 인식 교육이 필요하다고 보아 '특별교육 이수'와 보호자에 대한 '특별교육 이수' 조치를 함께 부과한 것은 모두 필요한 조치로 보이고, 이는 모두 이 사건 고시에 따른 것이다.

④ 이사건 처분으로 달성하고자 하는 이익, 즉 가해학생인 원고에 대한 선도·교육을 통하여 원고를 건전한 사회구성원으로 육성하려는 공익이 이 사건 처분으로 인해 원고가 입게 될 불이익에 비해 작다고 할 수 없다.

4. 결론
그렇다면 원고의 이 사건 청구는 이유 없어 이를 기각하기로 하여, 주문과 같이 판결한다.

[행정] 광주지방법원 2020구합15277
학교폭력징계처분취소

[판례 요약]

1. 사안개요 요약

원고와 정○○은 당시 전남 ○○군 소재 ○○서초등학교 3학년 학생들로서 2019. 12. 20. 학교 밖에 있는 수영장에서 수영실기교육 참여중에 두 사람 사이에 신체 접촉이 있었는바, 정○○의 부모는 2020. 6. 19. 위 초등학교에 학교폭력을 당했다고 구두로 신고하였고, 전라남도 ○○교육지원청은 2020. 9. 3. 최종적으로 원고에게 피해학생에 대한 서면사과를 결정하였고, 원고는 이 처분에 불복하여 행정심판을 청구하였으나 기각되자 피고를 상대로 학교폭력징계처분취소 소송을 제기한 사안

2. 판결요약

재판부는 먼저 이 사건 처분의 대상이 되는 행위를 '원고가 고의로 정○○의 뺨을 때린 행위'로 보는 것을 전제로 살펴보면, 고의임을 인정할 증거가 부족하여 이 사건 처분의 처분사유가 존재하지 않아 이 사건은 처분은 위법이며, 다음으

로 이 사건 처분의 대상이 되는 행위를 '원고가 과실로 정○○의 뺨에 손이 닿은 행위'로 보는 것을 전제로 살펴 보면 어떠한 행위를 학교폭력으로 단정짓는 것은 신중하여야 하는 점, 구 학교폭력법상 폭행은 상해, 감금, 협박 등 열거된 다른 예시들에 비추어 볼 때 형법상의 폭행 개념을 상정하고 있다고 보아야 하고 이는 고의를 전제로 하고 있는 점, 통상적으로 사용되는 '학교폭력'의 개념도 고의적인 행위를 주로 염두에 두는 것으로 볼 수 있는 점 등을 종합하여 보면, 폭행에 의한 학교폭력은 원칙적으로 고의에 의한 폭행만 해당하고 과실에 의한 것은 포함하지 않는다고 봄이 타당하며, 결국 어느 경우에나 원고에게 학교폭력을 인정하기 어려워 이 사건 처분의 처분사유가 존재하지 않아 이 사건 처분은 위법하여 취소되어야 하므로 피고가 2020. 9. 4. 원고에 대하여 한 서면사과 처분을 취소한다고 원고 승소 판결을 하였음

Ⅰ. 법원의 판결

1. 피고가 2020. 9. 4. 원고에 대하여 한 서면사과 처분을 취소한다.

2. 소송비용은 피고가 부담한다.

Ⅱ. 판결이유

1. 처분의 경위

가. 원고와 정○○은 이 사건 당시 전남 ○○군에 있는 ○○서초등학교에 3학년으로 재학중이던 학생들이다.

나. 원고와 정○○은 2019. 12. 20. 학교 밖에 있는 ○○원 수영장에서 위 초등학교의 1~3학년 수영실기교육에 참석하였다.

다. 원고와 정○○은 위 교육시간에 수영장에서 다이빙을 하기 위하여 줄을 서서 순서를 기다리던 중 두 사람 사이에 신체 접촉이 있었다.

라. 정○○의 부모는 2020. 6. 19. 위 초등학교에 정○○이 원고로부터 학교폭력을 당하였다고 구두로 신고하였는데, 그 신고 및 인지 내용은 아래와 같다.

2019년에 4학년1) 원고(여학생)가 4학년 정○○(남학생)을 배가 나왔다고 놀리고 때린 적
이 있다고 함
- 2019년 애플데이(사과데이) 때 원고가 정○○에게 건네준 롤링 페이퍼에 "놀려서 미안하
다"라고 적혀 있었음

마. 위 신고 접수 이후 관련 학생들의 진술에 따라 '학교폭력

안 조사 보고서'가 작성되었는데, 그 주요 내용은 아래와 같다.

① 사안 개요
- 정○○은 원고로부터 뺨을 한 차례 맞은 적이 있다고 주장하고 있으며, 본인이 얼굴을 들이대니 원고가 뺨을 때렸다고 진술하고 있음
- 이에 대해 원고는 수영장에서 다이빙을 하기 위해 줄을 서서 기다리던 도중, 손을 돌리다가 실수로 정○○의 뺨을 때렸다고 주장함
- 이에 대한 목격학생의 진술로 3학년 김○○, 4학년 김○○, 위○○, 이○○, 정○○ 이상 5명은 원고가 정○○의 볼을 치거나 건드렸다고 진술하고 있으며, 그 이후로 김○○ 학생은 원고가 정○○에게 사과했다는 말을 들었으며, 정○○은 사과하는 장면을 보았다고 진술함

② 정○○의 주장내용 및 근거자료
- 정○○이 원고에게 얼굴을 들이댔고, 이에 원고가 뺨을 1차례 때렸다고 주장함
- 이에 정○○과 보호자는 원고가 위 사안과 관련하여 자신의 잘못을 반성하지 않고 그냥 넘어가서 속상했다고 주장함
- 애플데이 때 원고가 정○○에게 보낸 사과 편지 내용으로 보아 그동안 원고가 정○○ 학생을 놀려왔다고 주장함

③ 원고의 주장내용 및 근거자료
- 수영장에서 다이빙을 하기 위해 줄을 서서 기다리던 중 심심해서 손을 돌리다가 정○○의 볼을 실수로 1차례 때렸다고 주장함

· 3학년2) 김○○의 목격진술: "손을 뻗었는데 정○○ 오빠가 그 자리에 있어서 뺨을 맞았다."

· 4학년3) 이○○의 목격진술: "원고는 모르고 손을 흔들다가 손가락 끝으로 정○○의 볼을 건드렸다."

- 위 사안과 관련하여 정○○ 학생에게 사과를 하였다고 함

④ 가해학생이 행사한 학교폭력의 고의성

- 고의성: 원고와 목격학생들의 진술로 보아 다이빙을 하기 위해 줄을 서서 몸을 풀던 중 팔을 휘두르다 정○○의 볼을 건드린 상황으로 보임

바. 위 학교를 관할하는 전라남도 ○○교육지원청은 2020. 8. 5. 학교폭력대책심의위원회를 개최하여 원고에게 피해학생에 대한 서면사과를 결정하였으나, 피고는 당사자에 대한 위 위원회의 개최 통보 미도달로 의견진술의 기회가 충분히 부여되지 않은 절차상 하자가 있다고 보아 2020. 8. 24. 위 서면사과 결정을 직권취소하였다. 사. 전라남도 ○○교육지원청은 이를 보완하여 2020. 9. 3. 다시 동일한 사안으로 학교폭력대책심의위원회를 개최하였고, 위원회에서 위 '학교폭력 사안 조사 보고서'에 따라 사안 보고가 이루어졌으며, 위 위원회는 논의를 거쳐 종전과 마찬가지로 피해학생에 대한 서면사과를 결정하였다.

이에 따라 피고는 2020. 9. 4. 원고에게 위 서면사과 처분(이하 '이 사건 처분'이라 한다)을 하였다. 아. 원고는 이 사건 처분에 불복하여 행정심판을 청구하였으나, 전라남도 교육·학예에 관

한 행정심판위원회는 2020. 11. 17. 원고의 청구를 기각하였다.

2. 원고의 주장

원고의 행위는 학교폭력에 해당하지 않으므로, 이를 학교폭력에 해당한다고 본 이 사건 처분은 처분사유가 존재하지 않아 위법하다. 설령 원고의 행위가 학교폭력에 해당한다고 하더라도, 이 사건 처분은 재량권을 일탈·남용하여 위법하다.

3. 처분 사유의 존재 여부에 관한 판단

가. 관련 법리

구 학교폭력예방 및 대책에 관한 법률(2021. 3. 23. 법률 제17954호로 개정되기 전의 것. 이하 '구 학교폭력예방법'이라 한다)은 학교폭력의 예방과 대책에 필요한 사항을 규정함으로써 피해학생의 보호, 가해학생의 선도.교육 및 피해학생과 가해학생 간의 분쟁조정을 통하여 학생의 인권을 보호하고 학생을 건전한 사회구성원으로 육성함을 목적으로 한다(제1조).

그러나 학생들이 학교생활을 하는 과정에서 발생하는 모든 갈등이나 분쟁을 학교폭력으로 의율하는 것은 바람직하지 않기 때문에, 구 학교폭력예방법 제2조 제1호는 학교폭력을 '학교 내외에서 학생을 대상으로 발생한 상해, 폭행, 감금, 협박, 약취·유인, 명예훼손·모욕, 강요·강제적인 심부름 및 성폭력, 따돌림, 사이버 따돌림, 정보통신망을 이용한 음란·폭력 정보 등에 의하여 신체·정신 또는 재산상의 피해를 수반하는 행위'라고 정의하고, 구 학교폭력예방법 제3조는 '이 법을 해석·적용함에 있어서 국민의 권리가 부당하게 침해되지 아니하도록 주의하여야 한다.'라고 규정하고 있다.

이는 '학교폭력'의 확대해석으로 지나치게 많은 학교폭력 가해자를 양산하거나, 같은 행위를 두고서도 그것을 학교폭력으로 문제를 삼는지 여부에 따라 구 학교폭력예방법 제17조의 조치대상이 되는지 여부가 달라지는 것을 방지하기 위한 취지이므로, 일상적인 학교생활 중에 일어난 행위가 구 학교폭력예방법 제2조의 '학교폭력'에 해당하는지 여부는 발생 경위와 상황, 행위의 정도 등을 신중히 살펴 판단하여야 한다.

한편 항고소송에서 당해 처분의 적법성에 관한 증명책임은 원칙적으로 처분의 적법을 주장하는 처분청에 있으므로, 원고가 구 학교폭력예방법에서의 '학교폭력'을 행사하였다는 점에 관한 증명책임은 처분청인 피고에게 있다.

나. 이 사건의 경우

1) 이 사건 처분의 처분 사유는 위 '학교폭력 사안 조사 보고서'(을 제4호증)에 기재된 행위(이하 '이 사건 행위'라 한다)에 관하여 원고에게 구 학교폭력예방법 제17조 제1항 제1호의 의하여 서면 사과 처분을 하는 것인바, 위 '학교폭력 사안 조사 보고서'

에 기재된 내용 자체가 원고의 행위를 일의적으로 특정하지 않고 당사자들의 주장 및 진술들을 단순히 나열하고 있고(위 보고서의 앞부분은 일응 원고가 고의적으로 정○○의 볼을 때렸다는 취지로 볼 수도 있으나, '고의성' 부분은 원고가 팔을 돌리던 중 실수로 정○○의 볼을 건드렸다는 취지로도 볼 수 있다), 이 사건 처분의 조치 결정 통보(갑 제4호증)에서도 원고가 어떠한 행위를 한 것인지 명확하게 특정하지 않고 있다.

2) 먼저 이 사건 처분의 대상이 되는 행위를 '원고가 고의로 정○○의 뺨을 때린 행위'로 보는 것을 전제로 살펴본다. 앞서 본 사실관계와 앞서 든 증거들 및 변론 전체의 취지를 종합하여 인정되는 아래와 같은 사정들에 비추어 보면, 피고가 제출한 증거들만으로는 원고가 고의로 정○○의 뺨을 때렸음을 인정하기에 부족하고, 달리 그와 같이 볼 만한 증거가 없다. 따라서 이 경우 이 사건 처분의 처분 사유가 존재하지 않아 이 사건 처분은 위법하다.

① 이 사건 행위에 관한 조사는 이 사건 행위가 있었던 때로부터 약 6개월 가량 지난 시점에 이루어졌는데, 이 사건 행위와 관련된 증거는 직접증거로서 피해자인 정○○의 진술과 목격학생들의 진술들, 그리고 간접증거로서 그 진술들을 정리한 보고서 외에는 다른 증거가 없다.

② 위 '학교폭력 사안 조사 보고서'에는 목격학생 5명이 원고가 정○○의 볼을 치거나 건드렸다고 진술하였다고 기재되어 있으나, 위 '볼을 치거나 건드렸다'는 부분이 고의에 의한 것인지 과실에 의한 것인지 명확하지 않다. 오히려 위 보고서에 기재된 3학년 김○○, 4학년 이○○의 각 목격진술에 의하면 "손을 뻗었는데 정○○ 오빠가 그 자리에 있어서 뺨을 맞았다", "원고는 모르고 손을 흔들다가 손가락 끝으로 정○○의 볼을 건드렸다"라는 것이어서 원고의 행위를 과실에 의한 것으로 의심할 만한 내용이 존재한다. 나아가 나머지 3명인 4학년 위○○, 김○○, 정○○의 목격진술서(을 제2호증)에 의하더라도 '실수로', '원고가 정○○의 볼을 실수로 쳐서' 등으로 기재되어 있을 뿐이다. 위 목격학생들이 모두 원고의 편을 들어 원고에게 유리하게 진술한 것은 아닌지에 관하여도 이 사건 기록에 나타난 자료들만으로는 그러한 정황이 엿보인다고 보기도 어렵다.

③ 정○○의 진술에 관하여도, 정○○과 그 부모의 최초 신고는 '배가 나왔다고 놀리고 때렸다'는 것인데, 정○○이 작성한 진술서(을 제2호증)에 의하면 '내가 얼굴을 들이댔었는데 원고가 뺨을 때렸다'는 것이어서 상호 불일치하는 부분이 있고, 다른 목격자들의 진술에서 정○○이 얼굴을 들이댔다는 내용은 발견되지 않으며, 원고가 뺨을 때렸다는 부분도 원고의 변소에 비추어 볼 때 고의에 의한 것인지 과실에 의한 것인지 명확하지 않다.

④ 원고는 이후 정○○에게 사과를 한 것으로 보이나, 2019년 애플데이(사과데이) 때 원고가 정○○에게 건네준 롤링 페이퍼는 '놀린 행위'에 대하여 미안하다는 내용이고, 한편 과실로 인한 행위라도 그에 대하여 사과하는 경우가 있을 수 있으므로, 위와 같은 사과 행위가 있었다는 것만으로 원고의 행위가 고의적인 것으로 추인된다고 보기도 어렵다.

⑤ '학교폭력 사안 조사 보고서'의 '고의성' 란에도 "남○○ 학생과 목격학생들의 진술로 보아 다이빙을 하기 위해 줄을 서서 몸을 풀던 중 팔을 휘두르다 정○○의 볼을 건드린 상황으로 보임"이라고 기재되어 있는바, 위 조사를 담당한 담당자도 이 사건 행위를 고의적으로 뺨을 때린 행위로 파악하지는 않았던 것으로 볼 수 있다.

⑥ 2020. 9. 3. 열린 학교폭력대책심의위원회의 회의록(을 제8호증)에서도, 학교폭력 해당 여부에 관하여 "일부러 한 것은 아니지만 피해학생이 피해라 느낀다면 학교폭력"이라는 점이 이 사건 행위를 학교폭력으로 보는 이유 중의 하나가 되었던 것으로 보이는바, 이는 이 사건 행위가 고의에 의한 행위가 아님을 전제로 한 것으로 보인다.

⑦ 정○○은 특수학생(원고 등 일반학생과 같은 반에 편성되어 생활하고 있는 것으로 보인다)으로서 보호의 필요성이 높고 그

진술의 신빙성을 배척함에 있어서는 더욱 신중하여야 할 필요성이 높다고 볼 수 있으나, 위와 같은 여러 사정들을 고려할 때 명확한 증거 없이 그러한 점만으로 원고의 고의적인 폭행 행위를 곧바로 추단할 수 있게 된다고 보기는 어렵다.

3) 다음으로 이 사건 처분의 대상이 되는 행위를 '원고가 과실로 정○○의 뺨에 손이 닿은 행위'로 보는 것을 전제로 살펴본다.

① 앞서 본 법리에 비추어 볼 때 어떠한 행위를 학교폭력으로 단정짓는 것은 신중하여야 하는 점,

② 구 학교폭력예방법 제2조 제1호는 학교폭력을 '학교 내외에서 학생을 대상으로 발생한 상해, 폭행, 감금, 협박, 약취·유인, 명예훼손·모욕, 강요·강제적인 심부름 및 성폭력, 따돌림, 사이버 따돌림, 정보통신망을 이용한 음란·폭력 정보 등에 의하여 신체·정신 또는 재산상의 피해를 수반하는 행위'로 규정하고 있는바, 여기에서 폭행은 상해, 감금, 협박 등 열거된 다른 예시들에 비추어 볼 때 형법상의 폭행 개념을 상정하고 있다고 보아야 하고 이는 고의를 전제로 하고 있는 점,

③ 위 규정의 형식상 학교폭력은 위에 열거된 예시적 행위 외에 다른 행위들도 포함하나, 이는 적어도 열거된 행위들에 준하

는 행위여야 하는바, 그 열거된 예시적 행위의 과실범이 모두포
함된다고 보기는 어려운 점,

④ 통상적으로 사용되는 '학교폭력'의 개념도 고의적인 행위를
주로 염두에 두는 것으로 볼 수 있는 점 등을 종합하여 보면, 폭
행에 의한 학교폭력은 원칙적으로 고의에 의한 폭행만 이에 해당
하고 과실에 의한 것은 포함하지 않는다고 봄이 타당하다. 따라
서 이 사건 처분의 대상이 되는 행위를 '원고가 과실로 정○○의
뺨에 손이 닿은 행위'로 본다면 이는 학교폭력에 해당한다고 볼
수 없으므로, 이 경우에도 이 사건 처분의 처분 사유가 존재하지
않아 이 사건 처분은 위법하다.

다. 소결

결국 어느 경우에나 원고에게 학교폭력을 인정하기 어려워 이
사건 처분의 처분 사유가 존재하지 않으므로, 이 사건 처분이 재
량권의 일탈·남용에 해당하는지 여부에 관하여 더 나아가 살펴볼
필요 없이 이 사건 처분은 위법하여 취소되어야 한다.

4. 결론

원고의 이 사건 청구는 이유 있으므로 이를 인용하기로 하여
주문과 같이 판결한다.

[행정] 울산지방법원 2019구합8291

전학조치등처분 취소

-학교폭력 징계 변호사 조력권 침해 시 무효-

> **[판례 요약]**
>
> 원고들에 대하여 학교폭력을 이유로 학교폭력지역자치위원회에서 징계절차가 진행되었는데, 변호사의 참석을 막고 전학 등을 의결함으로써 원고들의 방어권을 침해했다는 이유로 위 징계결정은 위법하다고 판결한 사례

I. 법원의 판결

1. 피고가 2020. 1. 21. 원고들에게 한 전학 및 학생 특별교육 10시간, 보호자 특별교육 5시간 처분을 각 취소한다.
2. 소송비용 중 피고 보조참가로 인한 부분은 피고 보조참가인이, 나머지는 피고가 각 부담한다.

II. 판결이유

1. 처분의 경위

가. 원고들과 피고 보조참가인(이하 '참가인'이라 한다)은 H중

학교(이하 '이 사건 학교'라 한다)에 재학 중인 학생이다.

나. 이 사건 학교 학교폭력대책자치위원회(이하 '자치위원회'라 한다)는 2019. 11. 20. 원고들이 참가인 및 김○○에게 학교폭력을 행사하였다는 이유로 참가인 및 김○○에 대한 접촉, 협박 및 보복행위 금지, 출석정지 10일, 학급교체, 특별교육 10시간, 보호자 특별교육 이수 5시간의 의결을 하였다.

다. 이에 대하여 참가인은 2019. 11. 26. 울산광역시 학교폭력대책지역위원회(이하'지역위원회'라 한다)에 재심을 청구하였고, 지역위원회는 2019. 12. 18. 원고들에 대하여 구 학교폭력 예방 및 대책에 관한 법률(2019. 8. 20. 법률 제16441호로 개정되기 전의 것, 이하 '구 학교폭력예방법'이라 한다) 제17조 제1항 제8호에 따른 전학 및 같은 법 제17조 제3항에 따른 학생 특별교육 10시간, 같은 법 제17조 제9항에 따른 보호자 특별교육 5시간으로 처분을 변경할 것을 의결하였다.

라. 피고는 위 의결에 따라 2020. 1. 21. 원고들에게 전학 및 학생 특별교육 10시간, 보호자 특별교육 5시간 처분(이하 '이 사건 처분'이라 한다)을 하였다.

2. 이 사건 처분의 적법 여부
가. 원고 주장의 요지

1) 이 사건 학교는 최초 학교폭력 조사과정에서 참가인의 일방적인 주장만을 받아들여 사실인정을 하였고, 지역위원회의 심의 및 의결 과정에서 원고들에게 행정절차법 제21조 제1항에 따른 사전통지 절차를 거치지 않았으며, 행정절차법 제22조 제3항에 따른 의견진술 기회를 제대로 부여하지 않았고, 원고들이 대리인으로 선임한 변호사가 심의에 출석하여 진술하는 것을 막았는바 이는 절차적으로 위법하므로, 지역위원회의 의결을 기초로 한 이 사건 처분은 위법하다.

2) 참가인과 원고들은 서로 장난을 치거나 때리는 등의 사이였는바, 원고들이 참가인에게 일방적인 폭행을 가하였다고 보기 어려운 점, 원고들이 집단적, 조직적으로 참가인에게 학교폭력을 행사한 것은 아닌 점, 원고들은 이 사건 발생 이후 반성하고 있고, 원고들의 부모나 원고들은 참가인 측과 화해하기 위하여 노력한 점, 원고들이 이사건 이전에 학교폭력으로 자치위원회에 회부된 적이 없는 점 등을 고려하면, 이 사건 처분은 재량권을 일탈·남용한 것으로서 위법하다.

나. 판단
1) 지역위원회 심의 및 의결의 적법 여부
가) 행정절차법 제12조 제1항 제3호, 제2항, 제11조 제4항 본문에 따르면, 당사자 등은 변호사를 대리인으로 선임할 수 있고, 대리인으로 선임된 변호사는 당사자 등을 위하여 행정절차에

관한 모든 행위를 할 수 있다고 규정되어 있다. 위와 같은 행정절차법령의 규정과 취지, 헌법상 법치국가원리와 적법절차원칙에 비추어 징계와 같은 불이익처분절차에서 징계심의대상자에게 변호사를 통한 방어권의 행사를 보장하는 것이 필요하고, 징계심의대상자가 선임한 변호사가 징계위원회에 출석하여 징계심의대상자를 위하여 필요한 의견을 진술하는 것은 방어권 행사의 본질적 내용에 해당하므로, 행정청은 특별한 사정이 없는 한 이를 거부할 수 없다. 따라서 징계절차에서 징계심의대상자가 대리인으로 선임한 변호사가 징계위원회 심의에 출석하여 진술하려고 하였음에도, 징계권자나 그 소속 직원이 변호사가 징계위원회의 심의에 출석하는 것을 막았다면 징계위원회 심의·의결의 절차적 정당성이 상실되어 그 징계의결에 따른 징계처분은 위법하여 원칙적으로 취소되어야 한다(대법원 2018. 3. 13. 선고 2016두33339 판결 등 참조).

나) 갑 제14, 15호증, 을 제5, 6, 10호증의 각 기재 및 변론 전체의 취지에 의하여 인정할 수 있는 아래 사정들을 종합하면, 원고들에 대한 지역위원회 심의 및 의결은 원고들이 변호사를 통한 방어권을 행사하고자 하였음에도 이를 거부당한 상태에서 이루어진 것이므로 절차적으로 위법하다.

① 구 학교폭력예방법 제17조 제1항 각 호의 조치는 가해학생에게 있어 중요한 신분상의 불이익에 해당하는 점, 지역위원회

는 같은 법 제17조 제1항에 따른 조치를 요청하기 전에 가해학
생 및 보호자에게 의견진술의 기회를 부여하는 등 적정한 절차를
거쳐야 하는데, 가해학생 및 보호자가 의견을 진술하는 등 방어
권을 행사하는 과정에서 변호인의 조력을 필요로 할 수 있는 점
등을 종합하면, 가해학생은 자신에 대한 조치를 정하는 지역위원
회 회의에서 변호사인 변호인의 조력을 받을 권리가 있다고 봄이
타당하다.

② 원고들과 그 부모들은 2019. 12. 18. 개최된 지역위원회
회의에 변호사를 대동하여 참석하려고 하였으나, 위 회의에서 위
원장으로 지명된 법사랑 ○○청소년협의회 북구지회 부회장은 변
호사 김변호의 참석을 거부하였다.

③ 원고들의 변호사는 위 지역위원회 회의 이전에 서면 또
는 구두로 원고들을 조력할 의견을 진술한 적이 없고, 지역위원
회는 원고들 변호사의 의견 진술 없이 원고들에 대한 조치를 의
결하였다.

④ 이에 대하여 피고는 행정절차법 제3조 제1항에서는 '처
분, 신고, 행정상 입법예고, 행정예고 및 행정지도의 절차에 관하
여 다른 법률에 특별한 규정이 있는 경우를 제외하고는 이 법에
서 정하는 바에 따른다'라고 규정하고 있는데, 구 학교폭력예방
법 시행령(2020. 2. 25. 대통령령 제30441호로 개정되기 전의

것, 이하 '구 학교폭력예방법 시행령'이라 한다) 제24조 제3항에
서는 '지역위원회는 직권으로 또는 신청에 따라 청구인, 가해학
생 및 보호자 또는 관련 교원 등을 지역위원회에 출석하여 진술
하게 할 수 있다'라고 규정하고 있는바, 본 사안에는 행정절차법
이 적용되지 않는다는 주장을 하나, 구 학교폭력예방법 시행령
제24조 제3항이 당사자 등이 변호사를 대리인으로 선임할 수 있
고, 대리인으로 선임된 변호사는 당사자 등을 위하여 행정절차에
관한 모든 행위를 할 수 있다는 취지의 행정절차법 제12조 제1
항, 제3호, 제2항, 제11조 제4항 본문에 관한 특별한 규정으로
볼 수 없으므로, 피고의 위 주장은 이유 없다.

　⑤ 또한 피고는, 원고들의 보호자가 지역위원회에 출석하여
충분히 의견을 진술한 사실이 있으므로 원고들의 방어권 행사에
실질적으로 지장이 초래되지 않아 이 사건 처분은 적법하다는 취
지의 주장을 하나, 법률전문가인 변호인의 조력이 가장 필요한
시기는 지역위원회의 심의 과정이라고 보아야 하는바, 그럼에도
지역위원회는 원고들 대리인의 심의 출석을 불허하였고, 이로 인
해 원고들은 지역위원회 심의 과정에서 대리인의 조력을 받지 못
하여 방어권 행사의 본질적 내용을 침해받았다고 할 것이다.
　따라서 피고의 위 주장 역시 받아들일 수 없다.

　2) 소결
　따라서 위 지역위원회의 의결을 기초로 한 이 사건 처분은 위

법하므로 취소되어야한다(원고들의 위와 같은 절차적 하자 주장을 받아들여 이 사건 처분을 취소하는 이상 나머지 절차적 하자 주장 및 재량권 일탈·남용 주장에 대하여는 나아가 판단하지 아니한다).

3. 결론

그렇다면 원고들의 청구는 모두 이유 있으므로 인용하기로 하여 주문과 같이 판결한다.

[행정] 대법원 2022두39185, 징계처분취소

- '학교 내 봉사' 징계의 범위와 한계에 대한 사건 -

[판례 요약]

1. 판시사항

교원이 초등학교·중학교 학생에게 법령상 명문의 규정이 없는 징계처분을 한 경우, 그 효력을 긍정함에 있어 법령과 학칙에 대한 엄격한 해석이 필요한지 여부(적극)

2. 판결요지

초·중등교육법 및 그 근간이 되는 교육기본법에 따르면, 학교교육은 학생의 창의력 계발 및 인성 함양을 포함한 전인적 교육을 중시하여 이루어지고, 그 과정에서 학생의 기본적 인권이 존중되고 보호되어야 하며, 교원은 학생 개개인의 적성을 계발할 수 있도록 노력하여야 하고(교육기본법 제9조, 제12조, 제14조), 이러한 학교교육을 위하여 필요한 경우에는 법령과 학칙으로 정하는 바에 따라 학생을 징계할 수 있되, 그 징계는 학생의 인격이 존중되는 교육적인 방법으로 하여야 한다[구 초·중등교육법(2021. 3. 23. 법률 제17954호로 개정되기 전의 것) 제18조 제1항 및 같은 법 시행령 제31조

제2항]. 그렇다면 의무교육대상자인 초등학교·중학교 학생의 신분적 특성과 학교교육의 목적에 비추어 교육의 담당자인 교원의 학교교육에 관한 폭넓은 재량권을 존중하더라도, 법령상 명문의 규정이 없는 징계처분의 효력을 긍정함에 있어서는 그 처분 내용의 자발적 수용성, 교육적·인격적 측면의 유익성, 헌법적 가치와의 정합성 등을 종합하여 엄격히 해석하여야 할 필요가 있다.

【원심판결】

서울고법 2022. 1. 26. 선고 (춘천)2020누706 판결

Ⅰ. 법원의 판결

원심판결을 파기하고, 사건을 서울고등법원에 환송한다.

Ⅱ. 판결이유

1. 행정절차법 위반 여부

원심은 판시와 같은 이유로, 피고가 2019. 11. 4. 적법하게 선도위원회를 개최한 후 그 의결에 따라 적법한 절차를 거쳐 이 사건 처분을 하였고, 그 과정에서 부여한 의견 제출기간에 이 사건 처분을 취소할 정도의 절차적 하자가 없다고 판단하였다.

원심판결 이유를 관련 법리 및 기록에 비추어 살펴보면, 이러한 원심의 판단에 행정절차법 제21조에 관한 법리를 오해함으로써 판결에 영향을 미친 잘못이 없다.

2. 초·중등교육법 및 동법 시행령 위반 여부

가. 원심 판단

1) 원심판결 이유에 따르면, ① 원고는 2019. 10. 22. 수업 중 화장실을 간다는 이유로 교사의 허락을 받은 후 교실 밖 복도에 앉아 휴대전화를 이용하여 카카오톡 메신저로 문자메시지를 주고 받다가 생활지도담당교사에게 적발된 사실,

② 생활지도담당교사는 원고에게 휴대전화의 제출을 요구하였으나, 원고는 해당 교사를 쳐다보거나 대답하지도 아니한 채 계속하여 휴대전화를 사용하였고, 이에 해당 교사가 원고에게 '생활지도교사로서 지도를 하는 것이고, 지도를 듣지 아니하면 지시 불이행이 된다.'는 취지로 경고하면서 휴대전화의 제출을 2회 더 요구하였음에도 원고는 휴대전화를 제출하지 아니한 사실,

③ 해당 교사의 연락을 받은 학생부장교사가 원고에게 이와 같은 사실을 확인하는 중에도 원고는 휴대전화를 사용하면서 대답을 하지 아니하였고, 학생부장교사가 원고에게 '휴대전화를 제출하라.'는 취지로 말하는 중에도 원고는 휴대전화를 제출하지 아니하면서 '이런 분이셨구나. 학생들이 선생님에 관하여 말을

많이 하는데'라는 취지로 말한 후 휴대전화를 가지고 교실로 들어간 사실,

④ 피고는 2019. 11. 5. '수업시간 중 핸드폰 휴대 및 사용, 교사지시 불이행 및 지도 불응'을 이유로 원고에게 ○○중학교 학교생활규정 제8조 제2항, 제3항, ○○중학교 학생생활협약 1. 제3항, 강원도교육청 교권침해사안 처리규정 제4조 제4호에 따라 교내봉사 2시간(교내환경정화활동 1시간, 사과편지작성 1시간)의 징계처분을 한 사실을 알 수 있다.

2) 원심은 이러한 사정을 바탕으로 하여 판시와 같은 이유로, 원고의 행위가 '학교 내의 봉사'를 명하는 징계사유에 해당하고, '학교 내의 봉사'에 '심성교육'이 포함된 이상 '사과편지작성'도 징계내용에 포함되므로, 이 사건 처분이 적법하다고 판단하였다.

나. 대법원 판단

1)「초·중등교육법」및 그 근간이 되는 교육기본법에 따르면, 학교교육은 학생의 창의력 계발 및 인성 함양을 포함한 전인적 교육을 중시하여 이루어지고, 그 과정에서 학생의 기본적 인권이 존중되고 보호되어야 하며, 교원은 학생 개개인의 적성을 계발할 수 있도록 노력하여야 하고(교육기본법 제9조, 제12조, 제14조), 이러한 학교교육을 위하여 필요한 경우에는 법령과 학칙으로 정하는 바에 따라 학생을 징계할 수 있되, 그 징계는 학생의 인격

이 존중되는 교육적인 방법으로 하여야 한다[구 「초·중등교육법」 (2021. 3. 23. 법률 제17954호로 개정되기 전의 것, 이하 같다) 제18조 제1항 및 같은 법 시행령 제31조 제2항].

그렇다면 의무교육대상자인 초등학교·중학교 학생의 신분적 특성과 학교교육의 목적에 비추어 교육의 담당자인 교원의 학교교육에 관한 폭넓은 재량권을 존중하더라도, 법령상 명문의 규정이 없는 징계처분의 효력을 긍정함에 있어서는 그 처분 내용의 자발적 수용성, 교육적·인격적 측면의 유익성, 헌법적 가치와의 정합성 등을 종합하여 엄격히 해석하여야 할 필요가 있다.

원심판결 이유를 위 법리 및 기록에 비추어 살펴보면, 원고가 ○○중학교 학교생활규정 제8조 제2항, 제3항 및 ○○중학교 학생생활협약 1. 제3항 등 규정을 위반하였음이 분명하고, 해당 징계사유에 관하여 '학교 내 봉사'의 징계를 명한 것은 적법하나, '학교 내 봉사'의 하나로 '사과편지작성'까지 명할 수 있다고 본 원심의 판단은 아래와 같은 이유에서 수긍할 수 없다.

(가). 구 「초·중등교육법」은 학교의 장으로 하여금 교육상 필요한 경우에 법령과 학칙에 따라 학생을 징계할 수 있도록 하였고(제18조 제1항), 같은 법 시행령은 징계의 하나로 '학교 내의 봉사'를 정하였으며(제31조 제1항 제1호), 학교의 장으로 하여금 징계를 할 때에 학생의 인격이 존중되는 교육적인 방법으로 하도

록 정하였다(제31조 제2항). 이러한 법령에 따라 마련된 '○○중학교 학교생활규정'은 징계의 종류 중 하나로 '학교 내의 봉사'를 정하였고(제19조 제1항), '학교 내의 봉사'를 하는 학생에게는 '학교환경 미화작업, 교원의 업무보조, 교재·교구정비, 기타 이에 준하는 업무'를 내용으로 하는 지도활동(봉사활동, 심성교육 등)을 10시간 이내로 실시하도록 하였으며(제19조 제2항), 징계 외의 지도방법 중 '2단계 과제부과'의 하나로 '반성문 작성'이 포함되어 있다(제31조 제2항).

(나). 위와 같은 관련 법령 및 규정의 문언·체계를 종합하여 보면, '학교 내의 봉사'의 내용으로 열거된 학교환경 미화작업, 교원의 업무보조, 교재·교구정비는 모두 학사행정이나 교육활동의 보조 업무를 담당하도록 하는 것이므로, '기타 이에 준하는 업무' 역시 이와 동일한 성질의 것을 의미한다고 봄이 타당하다.

비록 ○○중학교 학교생활규정 제19조 제2항에 '심성교육'이라는 문구가 포함되어 있으나, 해당 규정의 내용과 전체적인 취지에 비추어 보면, 이는 '학교 내의 봉사'의 내용을 규정한 것이 아니라 '학교 내의 봉사'에 관한 지도활동을 통해 달성하고자 하는 교육적 목표를 나타낸 것으로 봄이 타당하므로, 이에 근거하여 '학교 내의 봉사'의 내용에 '사과편지작성'이 당연히 포함된다고 볼 수 없다.

학교의 장은 교육을 위하여 필요한 경우에도 법령과 학칙으로 정하는 바에 따라 학생을 징계할 수 있다고 한 구「초·중등교육법」제18조의 규정과 징계가 갖는 불이익처분으로서의 성격에 비추어 보더라도, 명시적 근거 없이 처분의 범위를 넓혀 해석할 수는 없고, 그 징계처분에 이르게 된 다양한 상황 및 이를 쉽게 받아들이거나 이해하지 못할 수 있는 학생의 특성 기타 특수한 사정에 비추어 볼 때, 학생의 본심에 반하여 사죄의 의사표시를 강제하는 '사과편지작성'이 언제나 그 작성자의 심성에 유익할 것이라거나 교육의 목적에 부합할 것이라고 추단할 수도 없기 때문이다.

(다). 위 학교생활규정 제31조 제2항에서 '반성문 작성'이 포함되어 있으나, 이는 징계 외의 지도방법의 하나로 규정된 것이어서, 이를 근거로 명문의 규정이 없이도 '학교 내의 봉사'의 징계 내용으로 '사과편지작성'이 가능하다고 해석할 수도 없다.「학교폭력예방 및 대책에 관한 법률」제17조 제1항 제1호에 '피해학생에 대한 서면사과'도 명시되어 있으나, 위 조항은 학교 내외에서 학생을 대상으로 발생한 폭력 등 행위를 대상으로 가해학생의 선도·교육 및 피해학생과 가해학생 간의 분쟁조정을 통하여 학생의 인권을 보호하고 학생을 건전한 사회구성원으로 육성하기 위하여 가해학생의 피해학생에 대한 조치로 규정한 것에 불과할 뿐만 아니라 같은 항 제3호에서 규정한 '학교에서의 봉사'와 명백히 구별되는 조치인 이상, 이를 근거로 교사에 대하여 사과편

지를 작성할 것을 명하는 '사과편지작성'이 징계처분인 '학교 내 봉사'의 내용에 당연히 포함된다고 볼 수도 없다.

2) 앞서 본 사정에 비추어, 이 사건 처분 중 '사과편지작성 1시간'을 명한 부분은 '학교 내 봉사'의 징계 내용에 당연히 포함되는 것이라고 볼 수 없고, 달리 이를 허용하는 법령상 근거가 없는바, 그럼에도 이 사건 처분을 적법하다고 본 원심의 판단에는 구 「초·중등교육법」 제18조 제1항 및 같은 법 시행령 제31조 제1항 제1호의 해석에 관한 법리를 오해함으로써 판결에 영향을 미친 잘못이 있다.

3. 결론

그러므로 나머지 상고이유에 대한 판단을 생략한 채, 원심판결을 파기하고 사건을 다시 심리·판단하도록 원심법원에 환송하기로 하여, 관여 대법관의 일치된 의견으로 주문과 같이 판결한다.

[행정] 대법원 2012추213 직무이행명령취소
-학교생활기록부 관련 징계의결요구 직무이행명령 사건-

[판례 요약]

<요약>

① 국가공무원인 '교육장, 시·도교육청 교육국장 및 그 하급자들'에 대한 징계의결요구의 신청 사무의 성격(기관위임 국가사무) ② 교육감의 학교생활기록의 작성에 관한 지도·감독 사무의 법적 성질(기관위임 국가사무) ③ ○○ 교육청 소속 교육공무원들이 교육부장관의 방침과 달리 학교폭력 가해학생 학교생활기록부 기재 관련 업무처리를 부당하게 하였다거나 ○○ 교육청 소속 교육지원청 교육장들이 학교폭력 가해학생 조치사항을 학교생활기록부에 기재하는 것을 반대하는 내용의 호소문을 발표한 행위가 국가공무원법상 징계사유에 해당하지는 아니한다고 본 사례

1. 교육공무원 징계사무의 성격, 그 권한의 위임에 관한 교육공무원법령의 규정 형식과 내용 등에 비추어 보면, 국가공무원인 교육장, 시·도교육청 교육국장 및 그 하급자인 장학관,

장학사에 대한 징계는 국가사무이고, 그 일부인 징계의결요구의 신청 역시 국가사무에 해당한다고 봄이 타당하다. 따라서 교육감이 담당 교육청 소속 국가공무원인 교육장, 시·도교육청 교육국장 및 그 하급자들에 대하여 하는 징계의결요구 신청사무는 기관위임 국가사무라고 보아야 한다.

2. 학교생활기록에 관한 구 「초·중등교육법」, 구 「고등교육법」및 각 시행령의 규정 내용에 의하면, 어느 학생이 시·도 상호간 또는 국립학교와 공립·사립 학교 상호간 전출하는 경우에 학교생활기록의 체계적·통일적인 관리가 필요하고, 중학생이 다른 시·도 지역에 소재한 고등학교에 진학하는 경우에도 학교생활기록은 고등학교의 입학전형에 반영되며, 고등학생의 학교생활기록은 피고의 지도·감독을 받는 대학교의 입학전형 자료로 활용되므로, 학교의 장이 행하는 학교생활기록의 작성에 관한 사무는 국민 전체의 이익을 위하여 통일적으로 처리되어야 할 성격의 사무로 보인다.

Ⅰ. 법원의 판결

피고가 원고에 대하여 한 직무이행명령을 취소한다.
소송비용은 피고가 부담한다.

Ⅱ. 판결이유

1. 이 사건 직무이행명령의 경위

아래 사실은 당사자 사이에 다툼이 없거나 갑 제1호증 내지 갑 제23호증(가지번호생략)의 각 기재와 변론 전체의 취지를 종합하여 인정할 수 있다.

가. 피고의 「학교생활기록 작성 및 관리지침」의 개정

(1) 피고는 2012. 1. 27. 학교생활기록부에 「학교폭력예방 및 대책에 관한 법률」 제17조 제1항 각호에 규정된 학교폭력대책자치위원회의 학교폭력 가해학생에 대한 조치사항을 기록하여 학생에 대한 생활지도 및 상급학교 진학 자료로 활용하도록 하기 위하여 교육과학기술부훈령 제239호로 「학교생활기록 작성 및 관리지침」을 개정(이와 같이 개정된 것을 이하 '이 사건 지침'이라 한다)하였는데, 그 주요 내용은 다음과 같다.

가) 학교생활기록부 기재방법

'학적사항 특기사항'란에 전학, 퇴학처분을, '출결상황 특기사항'란에 사회봉사, 특별교육이수 또는 심리치료, 10일 이내의 출석정지를, '행동특성 및 종합의견'란에 서면사과, 접촉·협박 및 보복행위 금지, 학교에서의 봉사, 학급교체를 각 기재한다.

나) 학교생활기록부 보존기간

학교생활기록부에 기록된 가해학생에 대한 조치사항은 초등학교와 중학교는 졸업 후5년간 보존하고, 고등학교는 10년간 보존한다.

(2) 피고는 2012. 6. 29. 교육과학기술부훈령 제257호로 이 사건 지침을 다시 개정하여, 고등학교의 경우에도 학교생활기록부 보존기간을 초등학교, 중학교와 마찬가지로졸업 후 10년에서 졸업 후 5년으로 변경하였다.

나. 원고의 이 사건 보류지시

원고는 2012. 2. 15. 피고에게 학교폭력 징계사항의 학교생활기록부 기재를 재고하여 달라는 요청을 하였다. 그리고 국가인권위원회는 2012. 7. 9. 2012년 제14차 전원위원회를 개최하여 '인권친화적 학교문화 조성을 위한 종합정책권고' 결정을 하였는데, 그 내용에 '학교생활기록부 학교폭력 기록에 대하여 졸업 전 삭제심의제도나 중간삭제제도를 도입하는 등 학교생활기록부 학교폭력 기재가 또 다른 인권침해가 되지 아니하도록 개정하여야 한다'는 내용이 포함되었다.

원고는 이에 근거하여 2012. 8. 9. 관내 교육지원청과 각급 학교에 '교육과학기술부 및 경기도교육청의 향후 방침이 정해질 때까지 각급 학교에서는 학교생활기록부에 학교폭력 가해사실 기록을 보류하기 바란다'는 내용의 공문을 보냈다(이하 '이 사건 보류

지시'라 한다).

다. 이 사건 시정명령 및 직권취소처분

피고는 2012. 8. 16. 국가인권위원회에 '인권친화적 학교문화 조성을 위한 종합정책권고' 중 '학교생활기록부 학교폭력 기재에 관한 권고사항'에 대한 수용불가 방침을 통보한 후, 2012. 8. 23. 원고에게 '① 귀 교육청에서 학교에 안내한 학교생활기록부 기재보류 지시를 취소하고, ② 법령에 따라 학교폭력 가해학생 조치사항을 학교생활기록부에 기재하도록 관내 학교 및 교육지원 청에 2012. 8. 24.까지 안내 공문 시행 후, 이를 2012. 8. 27.까지 교육과학기술부에 제출하라'는 내용의 시정명령을 하였다(이하 '이 사건 시정명령'이라 한다).

원고가 이 사건 시정명령에 응하지 아니하자, 피고는 2012. 8. 27. 해당 사안은 학교장이 「초·중등교육법」 제25조에 따라 작성. 관리하여야 할 사안으로 교육감이 자의적으로 판단할 사항이 아니라는 등의 이유를 들어 원고의 이 사건 보류지시를 직권으로 취소하였다(이하 '이 사건 직권취소처분'이라 한다).

이에 대하여 원고는 2012. 8. 29. 「지방자치법」 제169조 제2 항에 따라 피고를 상대로 대법원 2012추183호로 이 사건 직권취 소처분에 대한 이의의 소를 제기하였다.

라. 특정감사의 실시와 처분 요구

(1) 피고는 2012. 8. 28.부터 2012. 9. 13.까지 사이에 경기도교육청에 대한 특정감사를 실시하여 다음과 같은 사항을 지적하였다.

(가) 학교폭력 가해학생 학교생활기록부 기재 관련 업무 처리 부당

① 처분 내용 : 기관경고, 중징계

② 중징계 대상 : 교육국장 장학관 소외 1, 교수학습지원과장 장학관 소외 2, 전(前) 교수학습지원과 장학관 소외 3(현 경기도교육연수원), 전(前) 교수학습지원과 장학사 소외 4(현 화홍고등학교), 교수학습지원과 장학사 소외 5, 대변인 계약직 4급 소외 6

(나) 학교폭력 가해학생 조치사항 학교생활기록부 기재 거부

① 처분 내용 : 중징계, 경징계, 경고

② 중징계 대상 : 수원농생명과학고 교장 소외 7 등 8명

③ 경징계 대상 : 다산고 교감 소외 8, 전곡고 교감 소외 9

④ 경고 대상 : 수원농생명과학고 교감 소외 10 등 33명

(다) 공무원 복무부당

① 처분 내용 : 경징계

② 경징계 대상 : 수원교육지원청 교육장 소외 11 등 25명

(라) 교육과학기술부 감사단 명예훼손

① 처분 내용 : 중징계

② 중징계 대상 : 대변인 계약직 4급 소외 6

(2) 피고는 2012. 10. 16. 경기도교육청에 특정감사 결과에 따라 기관경고 처분을 하고 그 외 처분사항에 대하여는 교육감 책임 하에 조치한 후 그 결과를 제출하도록 하는 한편,

① 경기도교육청 소속 징계대상자 중 일반징계위원회 관할 징계사건 대상자인 학교장 등을 경기도교육청에 설치된 일반징계위원회에 1개월 이내에 징계의결 요구하여 징계조치하고,

② 교육과학기술부 특별징계위원회 관할 징계사건 대상자인 '교육장, 시·도 교육청 교육국장 및 그 하급자'에 대하여는 「교육공무원법」 제51조 제1항의규정에 따라 지체 없이 교육과학기술부로 징계의결 요구를 신청하며,

③ 사립학교 교원에 대한 징계는 해당 학교법인에 징계 등 신분상 조치하도록 요구할 것 등의 처분 요구를 하였다.

마. 이 사건 직무이행명령의 내용

(1) 원고는 2012. 11. 15. 피고에게 「교육과학기술부 감사규정」 제21조에 따라 재심의신청을 하였으나, 피고는 2012. 11.

20. 원고의 재심의신청을 기각하였다. 그리고 피고는 2012. 11. 22. 원고에게 "「교육공무원법」 제51조 제1항의 규정에 따라 지체 없이 교육공무원 특별징계위원회 관할 징계사건 대상자인 '교육장, 시·도교육청 교육국장 및 그 하급자'에 대한 징계의결 요구를 신청하도록 요청한 바 있으나, 원고가 이에 응하지 아니한다."는 이유로 「지방자치법」 제170조에 따라 2012. 11. 27.을 기한으로 교육과학기술부 특별징계위원회 관할 징계사건 대상자에 대하여 교육과학기술부에 징계의결 요구를 신청할 것을 내용으로 하는 이 사건 직무이행명령을 하였다.

(2) "교육장, 시·도교육청 교육국장 및 그 하급자"에 대한 구체적인 징계사유는 다음과 같다

(가). 학교폭력 가해학생 학교생활기록부 기재 관련 업무 처리 부당
① 중징계 대상 : ○○도교육청 교육국장 및 그 하급자
② 구체적 징계사유 : 이 부분 징계대상자들은 교육과학기술부의 학교폭력 조치사항 학교생활기록부 기재 방침 안내, 이 사건 시정명령 및 이 사건 직권취소처분을 담은 공문서를 접수하고도 관할 학교에 이를 통보하지 아니하고 교육과학기술부 방침에 반하는 내용의 이 사건 보류조치에 관한 공문을 4회에 걸쳐 시행함으로써 「국가공무원법」 제56조, 「국가공무원 복무규정」 제2조의2, 제3조, 「지방자치법」 제8조 제3항을 위반하였다.

(나) 공무원 복무부당

① 경징계 대상 : ○○교육지원청 교육장 소외 11 등 25명

② 구체적 징계사유 : 이 부분 징계대상자들은 2012. 8. 27. 경기도교육청에서 개최된 학교폭력 가해학생 조치사항 학교생활기록부 기록 관련 교육장 회의에 참석하여 '○○도교육청 교육장 호소문'이라는 제목 아래 ○○교육지원청 교육장 소외 11 등 ○○ 지역교육장 25명의 연명으로 교육과학기술부의 학교폭력 가해학생 조치사항 학교생활기록부 기재 반대 및 감사 철회 등을 요구하는 호소문을 작성하여 같은 날 도교육청 홈페이지에 발표함으로써 「국가공무원법」 제56조, 「국가공무원 복무규정」 제3조 제2항을 위반하였다.

2. 판단

가. 직무이행명령의 대상사무

(1) 구 「지방교육자치에 관한 법률」(2013. 3. 23. 법률 제11690호로 개정되기 전의 것. 이하 같다) 제3조, 「지방자치법」 제170조 제1항에 따르면, 교육부장관이 교육감에 대하여 할 수 있는 직무이행명령의 대상사무는 '국가위임사무의 관리와 집행'이다. 그 규정의 문언과 함께 교육감이나 지방자치단체의 장 등 기관에 위임된 국가사무의 통일적 실현을 강제하고자 하는 직무이행명령 제도의 취지 등을 고려하면, 여기서 국가위임사무란 교육감 등에 위임된 국가사무, 즉 기관위임 국가사무를 뜻한다고 보는 것이 타당하다(대법원 2013. 6. 27. 선고 2009추206 판결

참조).

(2) 이러한 해석을 전제로, '교육장, 시·도교육청 교육국장 및 그 하급자들에 대한 징계의결요구의 신청은 지방자치단체의 교육·학예에 관한 자치사무일 뿐 기관위임 국가사무로 볼 수 없어 직무이행명령의 대상 사무에 해당하지 아니하므로, 이 사건 직무이행명령은 위법하다'는 취지의 원고의 주장을 살핀다.

구 「교육공무원법」(2012. 12. 11. 법률 제11527호로 개정되기 전의 것. 이하 같다)은 교육을 통하여 국민 전체에 봉사하는 교육공무원의 직무와 책임의 특수성에 비추어 그 자격·임용·보수 및 신분보장 등에 관하여 특례를 규정함을 목적으로 마련되었다 (제1조). 이러한 구 「교육공무원법」의 입법목적과 그 구체적인 규정 내용에 비추어 보면, 교육공무원법령이 규율하는 교육공무원의 징계 사무는 교육공무원의 자격, 임용 방법이나 절차, 보수, 재교육이나 연수, 신분보장 등에 관한 사무와 더불어 국민 전체의 이익을 위하여 통일적으로 처리되어야 할 성격의 사무라 할 것이다.

또한 구 「교육공무원법」 제33조 제1항에 따르면, 대통령령이 정하는 바에 따라 교육부장관은 그 임용권의 일부를 교육행정기관 등의 장에게 위임할 수 있고, 그 위임에 따른 구 「교육공무원임용령」(2012. 12. 4. 대통령령 제24215호로 개정되기 전의 것)

제3조 제5항 제5호는 교육부장관이 교육감 소속의 장학관 및 교육연구관의 승급.겸임. 직위해제.휴직 및 복직에 관한 임용권을, 제7호는 교육감 소속의 장학사.교육연구사의 임용권을 각각 해당 교육감에게 위임한다고 규정하고 있다. 그리고 구「교육공무원법」제2조 제5항에 의하면 여기서 '임용'이란 신규채용.승진.승급 등뿐만 아니라 정직.면직.해임 및 파면을 포함한다.

이와 같은 교육공무원 징계사무의 성격, 그 권한의 위임에 관한 교육공무원법령의 규정 형식과 내용 등에 비추어 보면, 국가공무원인 교육장, 시·도교육청 교육국장 및 그 하급자인 장학관, 장학사에 대한 징계는 국가사무이고, 그 일부인 징계의결요구의 신청 역시 국가사무에 해당한다고 봄이 타당하다. 따라서 교육감이 담당 교육청 소속 국가공무원인 교육장, 시·도교육청 교육국장 및 그 하급자들에 대하여 하는 징계의결요구 신청사무는 기관위임 국가 사무라고 보아야 한다.

한편 구「지방교육자치에 관한 법률」제20조 제16호, 제27조는 교육감이 교육.학예에 관하여 소속 국가공무원의 인사관리에 관한 사항을 관장하고, 소속 공무원의 임용.징계 등에 관한 사항을 처리한다고 규정하고 있으나, 이는 앞서 본 것처럼 교육감이 교육공무원법령에 따라 위임받은 국가사무를 그의 관장 사무로 확인하는 취지에 불과하다고 볼 것이므로, 그 규정을 근거로 해당 사무를 지방자치단체의 교육.학예에 관한 자치사무라고 볼 수는 없다.

(3) 그렇다면 이 사건 직무이행명령은 국가위임사무에 관한 것으로서 「지방자치법」 제170조 제1항에 정한 직무이행명령의 대상사무에 해당한다. 원고의 이 부분 주장은 받아들일 수 없다.

나. 직무이행 의무의 존재 여부

(1) 직무이행명령 및 이에 대한 이의소송 제도의 취지

구 「지방교육자치에 관한 법률」 제3조에 의하여 '지방자치단체의 교육.학예에 관한 사무를 관장하는 기관'의 운영 등에 관하여도 준용되는 「지방자치법」 제170조에 규정된 직무이행명령 및 이에 대한 이의소송 제도의 취지는, 국가위임사무의 관리.집행에서 주무부장관과 해당 지방자치단체의 장 사이의 지위와 권한, 상호 관계 등을 고려하여, 지방자치단체의 장이 해당 국가위임사무에 관한 사실관계의 인식이나 법령의 해석.적용에서 주무부장관과 견해를 달리하여 해당 사무의 관리.집행을 하지 아니할 때, 주무부장관에게는 그 사무집행의 실효성을 확보하기 위하여 지방자치단체의 장에 대한 직무이행명령과 그 불이행에 따른 후속 조치를 할 권한을 부여하는 한편, 해당 지방자치단체의 장에게는 직무이행명령에 대한 이의의 소를 제기할 수 있도록 함으로써, 국가위임사무의 관리.집행에 관한 양 기관 사이의 분쟁을 대법원의 재판을 통하여 합리적으로 해결하여 그 사무집행의 적법성과 실효성을 보장하려는 데 있다.

따라서 직무이행명령의 요건 중 '법령의 규정에 따라 지방자치단체의 장에게 특정 국가위임사무를 관리.집행할 의무가 있는지' 여부의 판단대상은 문언대로 그 법령상 의무의 존부이지 지방자치단체의 장이 그 사무의 관리.집행을 하지 아니한 데 합리적 이유가있는지 여부가 아니다.

그 법령상 의무의 존부는 원칙적으로 직무이행명령 당시의 사실관계에 관련 법령을 해석.적용하여 판단하되, 직무이행명령 이후의 정황도 고려할수 있다(대법원 2013. 6. 27. 선고 2009추206 판결 참조).

(2) '학교폭력 가해학생 학교생활기록부 기재 관련 업무 처리 부당'에 관한 징계의결요구 신청 의무의 존부

(가) 이 부분 징계사유는 학교생활기록의 작성에 관한 사무에 대한 지도.감독 사무 처리의 부당이고, 앞서 본 법리에 의하면 이 부분 쟁점은 '이 부분 징계대상자들이 교육감인 원고의 방침에 따라 직무를 수행한 행위가 징계사유에 해당하고, 원고에게 이부분 징계대상자들에 대하여 징계의결요구를 신청할 의무가 있는지 여부'이다.

(나) 먼저 이 부분 징계사유의 내용인 교육감의 학교생활기록의 작성에 관한 지도.감독 사무의 법적 성질에 관하여 본다.

법령상 지방자치단체의 장이 처리하도록 하고 있는 사무가 자치사무인지 아니면 기관위임사무인지를 판단하기 위하여는 그에 관한 법령의 규정 형식과 취지를 우선 고려하여야 하지만, 그 밖에 그 사무의 성질이 전국적으로 통일적인 처리가 요구되는 사무인지, 그에 관한 경비부담과 최종적인 책임귀속의 주체가 누구인지 등도 함께 고려하여야 한다(대법원 2003. 4. 22. 선고 2002두10483 판결, 대법원 2013. 5. 23. 선고2011추56 판결 등 참조).

　교육에 관한 국민의 권리.의무 및 국가.지방자치단체의 책임을 정하고 교육제도와 그 운영에 관한 기본적 사항을 규정함을 목적으로 하는 「교육기본법」은 제17조에서 "국가와 지방자치단체는 학교와 사회교육시설을 지도.감독한다."고만 규정하여 학교에 대한 지도.감독 사무 중 국가 사무와 지방자치단체 사무의 명확한 구별기준을 제시하고 있지 아니하다. 그리고 「교육기본법」 제9조 제4항에 따라 초·중등교육에 관한 사항을 정함을 목적으로 하여 제정된 구 「초·중등교육법」(2013. 3. 23. 법률 제11690호로 개정되기 전의 것. 이하 같다)은 제6조에서 "국립학교는 교육과학기술부장관의 지도·감독을 받으며, 공립.사립 학교는 교육감의 지도.감독을 받는다."고 규정하여 교육감에게 공립.사립 학교에 대한 지도.감독의 권한을 부여하고 있다.

그런데 구 「초·중등교육법」 제25조에 의하면, 학교의 장은 학생의 학업성취도와 인성(人性) 등을 종합적으로 관찰.평가하여 학생지도 및 상급학교의 학생 선발에 활용할 수 있는 인적사항, 학적사항, 출결상황, 자격증 및 인증 취득상황, 교과학습 발달상황, 행동특성 및 종합의견, 그 밖에 교육목적에 필요한 범위에서 교육과학기술부령으로 정하는 사항 등의 자료를 교육과학기술부령으로 정하는 기준에 따라 작성.관리하여야 하고(제1항), 학교의 장은 이러한 자료를 교육정보시스템으로 작성.관리하여야 하며

(제2항), 학교의 장은 소속 학교의 학생이 전출하면 이러한 자료를 그 학생이 전입한학교의 장에게 넘겨주어야 한다(제3항)또한 구 「초·중등교육법」 제47조 제2항, 구 「초·중등교육법 시행령」(2013. 3. 23. 대통령령 제24423호로 개정되기 전의 것) 제82조에 의하면, 고등학교 전기 및 후기학교의 입학전형에 중학교의 학교생활기록부 기록이 반영되고, 구 「고등교육법」(2013. 3. 23. 법률 제11690호로 개정되기 전의 것. 이하 같다) 제34조 제2항, 구 「고등교육법 시행령」(2013. 3. 23. 대통령령 제24423호로 개정되기 전의 것) 제35조에 의하면, 대학의 장은 입학자를 선발하기 위하여 고등학교 학교생활기록부의 기록을 입학전형자료로 활용할 수 있다.

이러한 학교생활기록에 관한 구 「초·중등교육법」, 구 「고등교육법」 및 각 시행령의 규정 내용에 의하면, 어느 학생이 시.도

상호간 또는 국립학교와 공립.사립 학교 상호간 전출하는 경우에 학교생활기록의 체계적.통일적인 관리가 필요하고, 중학생이 다른 시.도 지역에 소재한 고등학교에 진학하는 경우에도 학교생활기록은 고등학교의 입학전형에 반영되며, 고등학생의 학교생활기록은 피고의 지도.감독을 받는 대학교의 입학전형자료로 활용되므로, 학교의 장이 행하는 학교생활기록의 작성에 관한 사무는 국민 전체의 이익을 위하여 통일적으로 처리되어야 할 성격의 사무로 보인다. 따라서 전국적으로 통일적 처리를 요하는 학교생활기록의 작성에 관한 사무에 대한 감독관청의 지도.감독 사무도 국민 전체의 이익을 위하여 통일적으로 처리되어야 할 성격의 사무라고 보아야 하므로, 공립.사립 학교의 장이 행하는 학교생활기록의 작성에 관한 교육감의 지도.감독 사무는 국립학교의 장이 행하는 학교생활기록의 작성에 관한 교육부장관의 지도.감독 사무와 마찬가지로 국가사무로서 시.도 교육감에 위임된 사무라고 해석함이 타당하다.

(다) 「지방자치법」 제169조에 따르면, 교육부장관은 교육감의 자치사무에 관한 명령이나 처분에 대하여는 법령을 위반한 것에 한하여 시정명령 및 취소처분을 할 수 있고(제1항), 교육감은 취소처분에 대하여 이의가 있으면 대법원에 소를 제기할 수 있다(제2항).

이와 같이 자치사무에 관하여는 교육부장관의 통제 범위를 법령위반 사항으로 제한하고 그 통제에 대하여 교육감에게 제소 권한을 부여하고 있는 취지는, 자치사무에 대한 국가의 적법성 통제를 인정하여 법치행정의 원리를 구현하는 한편, 교육감의 자치사무에 관한 집행권한을 보호하려는 데 있다고 보아야 한다. 이러한 「지방자치법」 제169조에 규정된 취소처분에 대한 이의소송의 입법취지 등을 고려할 때, 교육감의 자치사무에 관한 사무의 집행이 대법원의 재판에 의한 적법성 심사를 통하여 위법하다고 확정되기 이전에는 그 사무의 구체적 집행행위가 불법행위나 징계사유를 구성한다고 쉽게 단정하여서는 아니 된다.

이 사건에서 교육감인 원고는 학교생활기록의 작성에 관한 사무에 대한 지도.감독 사무가 자치사무라고 보아 그 사무를 처리하였고, 이 사건 직무이행명령은 이러한 교육감의 사무 처리를 보좌한 이 부분 징계대상자들의 직무수행 행위가 징계사유를 구성함을 전제로 하고 있다.

그런데 법령상 지방자치단체의 장이 처리하도록 하고 있는 사무가 자치사무인지 아니면 기관위임사무인지 여부를 판단함에는 그에 관한 법령의 규정 형식과 취지를 우선고려하여야 할 것이지만, 그 밖에 그 사무의 성질이 전국적으로 통일적인 처리가 요구되는 사무인지, 그에 관한 경비부담과 최종적인 책임귀속의 주체가 누구인지 등도 함께 고려하여 판단하여야 하므로, 자치사무와 기관위임사무의 구분이 법령의 규정 내용자체만으로 언제나 명백한 것은 아니다.

앞서 본 바와 같이 관계 법령의 해석에 의하면 교육감의 학교생활기록의 작성에 관한 사무에 대한 지도.감독 사무는 기관위임 국가사무에 해당하지만, 「지방자치법」 제169조에 규정된 취소처분에 대한 이의소송의 입법취지 등을 고려할 때, 교육감이 위와 같은 지도.감독 사무의 성격에 관한 선례나 학설, 판례 등이 확립되지 아니한 상황에서 이를 자치사무라고 보아 사무를 집행하였는데, 사후적으로 사법절차에서 그 사무가기관위임 국가사무임이 밝혀졌다는 이유만으로 곧바로 기존에 행한 사무의 구체적인 집행행위가 위법하다고 보아 징계사유에 해당한다고 볼 수는 없다.

(라) 법령에 대한 해석이 그 문언 자체만으로는 명백하지 아니하여 여러 견해가 있을 수 있는데다가 이에 대한 선례나 학설, 판례 등도 귀일된 바 없어 의의(疑意)가 있는 경우에 관계 공무원이 그 나름대로 신중을 다하여 합리적인 근거를 찾아 그 중 어느 한 견해를 따라 내린 해석이 후에 대법원의 사법적 판단과 같지 아니하여 결과적으로 잘못된 해석으로 돌아가고, 이에 따른 처리가 역시 결과적으로 위법하다고 평가되더라도 그와 같은 처리방법 이상의 것을 평균적 공무원에게 기대하기는 어려운 일이고, 따라서 이러한 경우에까지 그 공무원에 대한 징계사유의 성립을 인정할 수는 없다.

「국가공무원법」 제56조는 "모든 공무원은 법령을 준수하며 성실히 직무를 수행하여야 한다.", 제57조는 "공무원은 직무를 수행할 때 소속 상관의 직무상 명령에 복종하여야 한다."고 규정하여 공무원에게 법령준수의무와 함께 복종의무를 부여하고 있다.

또한, 구 「지방교육자치에 관한 법률」 제18조는 "시·도의 교육·학예에 관한 사무의 집행기관으로 시·도에 교육감을 둔다.", 제27조는 "교육감은 소속 공무원을 지휘·감독하고 법령과 조례·교육규칙이 정하는 바에 따라 그 임용·교육훈련·복무·징계 등에 관한 사항을 처리한다."고 규정하여, 교육감에게 소속 공무원을 지휘.감독할 권한을 부여하고 있다. 따라서 이 부분 징계대상자들은 경기도교육청 소속 교육공무원으로서 직무상 상관인 교육감에 대하여 복종의무를 지고, 교육감의 지시나 명령이 명백히 위법하여 직무상의 지시명령이라고 할 수 없는 등의 특별한 사정이 없는 이상 직무상 상관인 교육감의 지휘.감독에 따라 직무를 수행하여야 한다.

위에서 본 법리 등에 비추어 보면, 교육감의 학교생활기록의 작성에 관한 사무에 대한 지도.감독 사무의 법적 성질, 피고의 이 사건 지침이 법규적 효력이 있는지 여부 또는 헌법상 과잉금지원칙을 위반하는 등 상위 법령을 위반하여 무효인지 여부가 불명확한 상황에서, 이 부분 징계대상자들이 학교생활기록의 작성에 관한 지도.감독 사무를 집행하면서 그 사무의 법적 성질을 자치사무라고 보고 직무상 상관인 교육감의 방침에 따라 이 사건 지침의 시행을 보류하는 내용으로 직무를 수행하였으나 그 행위가 결과적으로 법령을 위반한 것이라는 평가를 받게 되더라도, 그러한 사정만으로 이 부분 징계대상자들의 직무집행 행위가 징계사유를 구성한다고 보기는 어렵다.

(마) 그렇다면 이 부분 징계대상자들에 대한 징계사유가 인정되지 아니하므로 원고에게 징계의결요구를 신청할 의무가 있다고 할 수 없다. 결국 이 부분 직무이행명령은 위법하다.

(3) '공무원 복무부당'에 관한 징계의결요구 신청 의무의 존부
(가) 「국가공무원법」 제66조는 공무원에게 '노동운동이나 그 밖에 공무 외의 일을 위한 집단행위'를 제한하고 있다. 공무원은 그 지위나 직무의 성질에 비추어 일반 국민보다는 「헌법」 제21조 제1항이 보장하고 있는 언론·출판·집회·결사의 자유를 제한할 필요성이 있으나, 그 경우에도 공공성이나 필요성을 이유로 일률적·전면적으로 제한하여서는 아니 된다.

그러한 제한의 사유가 존재하더라도 그 한계를 설정하여 제한되는 표현의 자유와 그 제한에 의하여 보장하려는 공익을 서로 비교·형량하여야 하며, 제한이 불가피하다고 판단되어 제한하는 경우에도 그 제한은 가능한 한 최소한의 정도에 그치고 그 권리의 본질적인 내용을 침해하여서는 아니 된다. 따라서 국가공무원법상의 '공무 외의 일을 위한 집단행위'는 공무가 아닌 어떤 일

을 위하여 공무원들이 하는 모든 집단적 행위를 의미한다고 볼 것은 아니고, 위와 같은 헌법과 국가공무원법의 취지, 국가공무원법상의 성실의무 및 직무전념의무 등을 종합적으로 고려하여 '공익에 반하는 목적을 위한 행위로서 직무전념의무를 해태하는 등의 영향을 가져오는 집단적 행위'라고 축소해석하여야 한다(대법원 1992. 2. 14. 선고 90도2310 판결, 대법원 2012. 4. 19. 선고 2010도6388 전원합의체 판결 등 참조). 이러한 법리는 「국가공무원법」 제67조의 위임에 따라 마련된 「국가공무원 복무규정」 제3조 제2항이 "공무원은 집단·연명(連名)으로 또는 단체의 명의를 사용하여 국가의 정책을 반대하거나 국가정책의 수립·집행을 방해해서는 아니 된다."고 규정하고 있다고 하여 달리 볼 것이 아니다.

(나) 이 부분 징계대상자들이 도교육청 홈페이지에 발표한 호소문의 주요 내용은 '교육적 관점에서 볼 때, 아동 학생의 부적응 행동은 개인적 자질의 문제라기보다는 사회제도의 문제이므로 학교폭력을 예방하고 근절시키기 위하여는 구조나 제도의 문제를 개선하는 노력이 필요하고, 학교폭력 조치사항을 학교생활기록부에 기재하는 방안은 정의롭지 아니하고 법 상식에도 어긋나며 교육적이지도 아니하여, 최소한 국가인권위원회의 권고대로 졸업 전 삭제심의제도나 중간삭제제도를 두어야 하므로, 교육부의 ○○교육청에 대한 특정감사의 실시와 교육부 방침을 따르지 아니한 교원과 교육청 업무담당자에 대한 엄중 조치 방침을 철회

하여 줄 것을 호소한다'는 것이다.

　이러한 내용의 호소문 발표행위는 「국가공무원법」 등 개별 법률에서 공무원에 대하여 금지하는 특정의 정치적 활동에 해당하거나, 특정 정당이나 정치세력에 대한지지 또는 반대의사를 직접적으로 표현하는 등 정치적 편향성 또는 당파성을 명백히 드러내는 행위 등과 같이 교육공무원의 정치적 중립성을 침해할 만한 직접적인 위험을 초래하는 행위에 해당하는 것으로 보이지 아니한다. 오히려 이 사건 호소문의 내용이나 표현 방식 등에 비추어 보면, 이 사건 호소문 발표행위는 교육자적 양심에 기초하여 교육부의 학교폭력 조치사항의 학교생활기록부 기재 방침의 재고를 호소한 것으로서, 교육정책의 영역에서 우리의 건전한 사회통념상 교육자가 통상적으로 할 수 있는 범위 내의 의사표현 행위에 불과하므로, 이러한 행위를 일컬어 교육공무원의 본분을 벗어나 공익에 반하는 행위로서 공무원의 직무에 관한 기강을 저해하거나 공무의 본질을 해치는 것이어서 직무전념의무를 해태한 것이라 할 수는 없다.

　따라서 이 사건 호소문 발표행위는 「국가공무원법」 제66조 제1항에서 금지하는 '공무 외의 일을 위한 집단행위'에 해당한다고 볼 수 없고, 또한 「국가공무원 복무규정」 제3조 제2항을 위반한 것으로 볼 수도 없다. 나아가 이러한 행위에 대하여 "모든 공무원은 법령을 준수하며 성실히 직무를 수행하여야 한다."고 하여 공무원의 성실의무를 규정한 「국가공무원법」 제56조를 위반한 것으로 평가할 수는 없다.

(다) 그렇다면 이 부분 징계대상자들에 대한 징계사유도 성립되지 아니하므로 원고에게 징계의결요구를 신청할 의무가 있다고 할 수 없다. 이 부분 직무이행명령도 위법하다.

3. 결론

그러므로 원고의 이 사건 청구는 이유 있어 이를 인용하고, 소송비용은 패소자가 부담하도록 하여 관여 대법관의 일치된 의견으로 주문과 같이 판결한다.

[행정] 제주지방법원 2018구합610 학교폭력
가해학생 처분취소

> **[판례 요약]**
>
> **(요약)** 학교폭력대책자치위원회에서 원고가 가해학생인 사안에 대하여 원고 및 원고의 부모에게 의견진술을 기회를 부여하는 등의 절차를 거치지 않았다는 이유로, 원고에 대한 학교폭력 가해학생 처분을 취소함

Ⅰ. 법원의 판결

1. 피고가 2018. 10. 4. 원고에 대하여 한 피해학생에 대한 서면사과, 피해학생 및 신고·고발 학생에 대한 접촉, 협박 및 보복행위의 금지, 학생 및 학부모 특별교육 이수 4시간 처분을 취소한다.

2. 소송비용은 피고가 부담한다.

3. 제1항 기재 처분 중 서면사과, 학생 및 학부모 특별교육 부분은 이 사건 항소심 판결 선고시까지 그 집행을 정지한다.

Ⅱ. 법원의 판결

1. 처분의 경위

가. 원고와 H은 2018년도에 ○○중학교(이하 '이 사건 학교'라고 한다)에 입학하여 □학년 □반에 재학 중이었던 학생들이다.

나. 이 사건 학교의 학교폭력대책자치위원회(이하 '이 사건 위원회'라 한다)는 2018. 9. 28. 17:00 아래와 같은 사안에 대하여 2018년도 제3회 학교폭력대책자치위원회 회의(이하 '이 사건 회의'라 한다)를 개최하였다.

> ▶ H이 원고에게 언어폭력, 신체폭력을 가함
> ▶ H 어머니가 원고에게 언어폭력(모욕)을 가함
> ▶ 원고가 H에게 언어폭력, 신체폭력을 가함

다. 이 사건 위원회는 이 사건 회의에서 위 사안에 관하여 원고에게 학교폭력예방 및 대책에 관한 법률(이하 '학교폭력예방법'이라 한다) 제17조 제1항 제1호, 제2호에 따른 피해학생에 대한 서면사과, 피해학생 및 신고.고발 학생에 대한 접촉, 협박 및 보복행위의 금지 및 같은 조 제3항, 제9항에 따른 가해항색 및 보호자 특별교육이수(4시간)의 조치를 할 것을 의결하였다.

라. 피고는 2018. 10. 4. 위 의결결과에 따라 위와 같은 처분사유를 조치원인으로 하여 원고에게 위 다.항 기재와 같은 조치사항(이하 '이 사건 처분'이라 한다)를 통지하였다.

마. 원고는 이 사건 처분에 대하여 제주특별자치도 학교폭력대책지역위원회에 재심을 청구하였으나, 제주특별자치도 학교폭력대책지역위원회는 2018. 11. 12.경 원고의재심청구를 기각하였다.

2. 원고 주장의 요지

원고는 이 사건 처분에는 다음과 같은 하자가 있으므로 이 사건 처분은 취소되어야한다고 주장한다.

가. 절차적 하자

원고와 그 법정대리인들은 원고가 피해학생인 줄로만 알고 이 사건 위원회에 참석하여 진술하였고, 이 사건 처분을 통지받은 후에야 비로소 원고도 가해학생이 되었음을 알게 되었다. 그렇다면 이 사건 위원회는 학교폭력예방법 제17조 제5항에 따라 가해학생에 대한 위와 같은 조치를 요청하기 전에 가해학생 및 보호자에게 의견진술의 기회를 부여하여야 함에도 그와 같은 기회를 부여하지 않았으므로, 이 사건 처분에는 위와 같은 절차적 하자가 있다.

나. 실체적 하자

피고는 원고가 H에게 언어폭력, 신체폭력을 가하였다는 점에 대한 증거가 없음에도 원고에게 이 사건 처분을 하였는바, 이 사건 처분은 그 처분사유가 인정되지 않는 실체적 하자가 있다.

3. 판단

가. 절차적 하자에 대한 판단

1) 학교폭력예방법 제17조 제1항, 제5항에 의하면, 학교폭력대책 자치위원회는 피해학생의 보호와 가해학생의 선도.교육을 위하여 가해학생에 대하여 같은 조 제1항 각호에 해당하는 조치를 할 것을 학교의 장에게 요청하기 전에 가해학생 및 보호자에게 의견진술의 기회를 부여하는 등 적정한 절차를 거쳐야 한다. 한편, 행정절차법 제21조 제1항에 의하면 행정청은 당사자에게 의무를 부과하거나 권익을 제한하는 처분을 하는 경우에는 미리 ① 처분의 제목(제1호), ② 당사자의 성명 또는 명칭과 주소(제2호), ③ 처분하려는 원인이 되는 사실과 처분의 내용 및 법적 근거(제3호), ④ 제3호에 대하여 의견을 제출할 수 있다는 뜻과 의견을 제출하지 아니하는 경우의 처리방법(제4호), ⑤ 의견제출기관의 명칭과 주소(제5호), ⑥ 의견제출기한(제6호), ⑦ 그 밖에 필요한 사항(제7호)을 당사자등에게 통지하여야 한다.

따라서 행정절차법에 따른 처분의 사전통지나 청문, 학교폭력예방법 제17조 제5항에 따른 가해학생 및 보호자에 대한 의견진술의 기회부여는 모두 침익적 처분을 하기 전에 상대방에게 의견진술의 기회를 부여함으로써 방어의 기회를 주고 처분과 관련한 문제 상황을 정확히 파악하여 적정한 처분을 하기 위한 취지의 규정이다.

그러므로 처분상대방의 방어권 보장을 고려할 때 학교폭력예방법 제17조 제5항에 규정된 '가해학생 및 보호자에게 의견진술의 기회를 부여하는 등 적정한 절차'에는 학교폭력대책 자치위원회 회의를 개최하기 전에 미리 가해학생 및 보호자에게 처분하려는 원인이 되는 사실(이는 회의 개최의 원인이 된 학교폭력의 일시, 장소, 행위내용 등 구체적 사실을 의미한다)을 통지하는 것이 포함된다고 해석함이 타당하다. 나아가 학교폭력예방법 제17조 제5항이 '같은 조 제1항 각호의 조치를 요청하기 전'이라고 규정하고 있을 뿐이므로 위와 같은 처분상대방의 방어권 보장을 위한 의견진술 기회는 학교폭력대책 자치위원회 회의 내에서도 실질적으로 보장되어야 한다.

2) 이 사건의 경우, 앞서 든 증거들, 을 제1, 2, 4, 8호증의 각 기재에 의하면 아래의 각 사실이 인정된다.

가) 이 사건 학교의 학생생활안전부장은 2018. 9. 5. 유선으로 'H이 2018. 3.경부터 같은 해 7.경까지 지속적으로 원고에게 지속적인 신체폭력, 언어폭력 등을 가하였고, H의 모(母)도 원고에게 언어폭력을 가하였다'는 내용의 학교폭력신고를 받았고, 원고의 부(父) B은 2018. 9. 10. 이 사건 학교에 위와 같은 내용의 학교폭력신고서를 제출하였다.

나) 이 사건 학교의 학교폭력전담기구는 2018. 9. 19. 원고

와 H 사이의 학교폭력에 관하여 협의하였는데, H 및 H의 모가 원고에게 한 신체폭력이나 언어폭력 뿐만아니라 원고가 H에게 한 언어폭력, 신체폭력에 관하여도 협의하였는데, 2018. 9. 28. 17:00 위 사안을 학교폭력대책자치위원회에 회부하기로 하였다.

다) 피고는 2018. 9. 19. 원고의 부 B에게 아래와 같은 내용의 학교폭력대책자치위원회 참석요청서를 내용증명우편으로 보냈고, 원고의 모가 2018. 9. 21. 위 우편을 수령하였다.

안녕하십니까?

귀댁 자녀의 학교폭력 사안 관련으로 인해 학교폭력대책자치위원회를 개최합니다.

보호자께 의견을 진술할 기회를 주고자 하오며, 또한 보호자 상담을 하고자 하오니 보호자께서는 학교로 방문하여 자녀의 지도에 협조하여 주시기 바랍니다.

1. 학년.반 : 제□학년 □반

2. 성명 : A

3. 내용 : 학교폭력 사안 관련 의견 진술 기회 부여

4. 법률 근거

가. 학교폭력예방법 제17조 제5항

나. 학교폭력예방법 제16조 제2항

라) 2018. 9. 28. 열린 이 사건 회의는 다음과 같은 순서로 진행되었다.

① 이 사건 위원회의 위원 10명 중 8명이 참석하여 개회 선언, 진행절차 설명, 사안 개요 설명 등의 절차를 진행하였다.

② 이후 피해학생 측 확인 및 질의응답을 위해 원고 및 원고의 부모를 입실시킨 다음, 원고가 피해학생인 사안에 대한 위원들의 질의 및 원고 측의 응답이 이루어졌는데, 그 과정에서 원고가 가해학생인 사안에 대한 위원들의 질의나 원고 측의 응답은 전혀 이루어지지 않았다.

③ 그 다음 가해학생 및 그 보호자의 진술을 듣는 절차로 H의 부모가 출석하여 진술을 하였다.

④ 이후 위원들은 원고 및 H에게 각각 학교폭력예방법 제16조 제1항 제1호의 심리상담 및 조언, 같은 법 제17조 제1항 제1호, 제2호에 따른 피해학생에 대한 서면사과, 피해학생 및 신고·고발 학생에 대한 접촉, 협박 및 보복행위의 금지 및 같은 조 제3항, 제9항에 따른 가해항색 및 보호자 특별교육이수(4시간)의 조

치를 할 것을 만장일치로 의결하였다.

3) 위 인정사실 및 앞서 본 증거들에 의하면, 이 사건 처분은 아래와 같은 이유로 원고 및 그 부모에게 학교폭력예방법 제17조 제5항에서 정한 절차가 보장되지 않은 하자가 있다고 봄이 타당하다.

① 피고가 2018. 9. 19. 원고의 부 B에게 보낸 학교폭력대책자치위원회 참석요청서에는 그 구체적인 처분사유가 기재되어 있지 아니하고 "내용 : 학교폭력 사안 관련 의견 진술 기회 부여"라고만 기재되어 있어 그 기재 내용만 가지고는 구체적으로 어떠한 학교폭력인지, 즉 원고 측에서 신고한 원고가 피해학생인 학교폭력에 관한 것인지 아니면 원고가 가해학생인 다른 사안도 포함되어 있는 것인지 전혀 알 수가 없다.

또한, 비록 위 참석요청서에 법률 근거로 가해학생 측의 의견진술에 관한 '학교폭력예방법 제17조 제5항'과 피해학생 측의 의견진술에 관한 '학교폭력예방법 제16조 제2항'이 함께 기재되어 있다고 하더라도 위와 같은 법률 조항 기재만으로는 원고 측이 이 사건 회의에서 원고가 가해학생인 학교폭력사안에 관하여도 함께 심의가 된다는 점을 알기는 어렵다고 봄이 타당하다.

더군다나 B은 2018. 9. 10. 이 사건 학교에 원고가 피해학생인 학교폭력신고서를 제출하기도 하였는바, B으로서는 위 참석요청서에 원고가 가해학생인 학교폭력에 관한 사안도 처분사유에 포함된다고 기재되어 있지 아니한 이상 원고가 피해학생인 학교폭력에 관하여 학교폭력대책 자치위원회가 개최되는 줄 알았을 것으로 보인다.

② 이 사건 위원회의 위원장은 이 사건 회의에서 다른 교사에게 사안 개요를 설명하게 한 다음 "피해학생 측 확인 및 질의응답을 위해 원고와 부모님을 입실시켜 주십시오"라고 말하였고, 원고 및 그 부모가 입실한 직후에는 "피해학생과 보호자의 진술을 듣도록 하겠습니다"라고 말하기까지 하였는바, 원고 및 그 부모가 그 자리에서 원고가 가해학생인 사안에 대하여 함께 심의가 이루어지고 있다는 점을 알기는 어렵다고 봄이 타당하다.

또한 원고 및 그 부모가 이 사건 회의에 참석한 상태에서는 원고가 피해학생인 사안에 대한 질의 및 응답이 진행되었을 뿐이고 원고가 가해학생인 사안에 대하여는 전혀 질의 및 응답이 이루어지지 않았으므로, 원고가 가해학생인 사안에 대하여는 의견진술의 기회를 부여하는 등의 절차를 전혀 거치지 않은 것으로 보아야 한다.

나. 소결

결국 이 사건 처분에는 원고 및 그 부모의 의견진술 기회가 보장되지 않은 절차적하자가 있으므로, 원고의 나머지 주장에 대하여 더 살필 필요 없이 이 사건 처분은 위법하여 취소되어야 한다.

4. 결론

그렇다면 원고의 청구는 이유 있어 이를 인용하고, 이 사건 기록에 나타난 자료에 따르면 이 사건 처분 중 서면사과, 학생 및 학부모 특별교육 부분으로 원고에게 발생할 회복하기 어려운 손해를 예방하기 위하여 위 부분의 집행을 정지할 긴급한 필요가 있다고 인정되며, 달리 위 부분의 집행정지로 공공복리에 중대한 영향을 미칠 우려가 있다고 인정할 만한 자료가 없으므로, 이 사건 처분 중 위 부분의 집행을 이 사건 항소심 판결 선고시까지 직권으로 정지하기로 하여 주문과 같이 판결한다.

[행정] 서울고등법원 2018나2068422 징계무효확인

> **[판례 요약]**
>
> **(요약)** ○○대학교에서 「고등교육법」 제13조 제1항 소정의 '교육상 필요성'을 확대해석하여 원고에게 성희롱 등의 사유로 공개사과문 게재 처분(명령)을 한 것은 처분에 대한 근거가 될 수 없으며, 이는 헌법에서 보장하는 '비례의 원칙'과 '양심의 자유'를 과도하게 제한하는 것이므로 무효에 해당

Ⅰ. 법원의 판결

1. 제1심판결 중 원고에 관한 부분을 취소한다.
2. 피고가 2017. 10. 19. 원고에게 한 봉사명령 200시간, 공개사과문 게재의 징계처분은 무효임을 확인한다.
3. 원고와 피고 사이의 소송 총비용은 피고가 부담한다.

Ⅱ. 판결이유

1. 제1심판결의 인용

이 법원이 이 사건에 관하여 설시할 이유는, 제1심판결 제7쪽

박스 내부 제15행의 "①"을 "②"로, 제9쪽 제4행의 "구성된다"를 "구성한다"로, 제12쪽 표의 둘째 줄 첫째 칸의 "⑩"을 "⑪"로, 셋째 줄 첫째 칸의 "⑪"을 "⑩"으로, 제12쪽 표 아래 본문 제2행의 "⑩"을 "⑪"로 각 고치고, 제1심판결 중 징계재량권 일탈·남용에 관한 당사자의 주장 및 이에 관한 판단 부분[2-가-3)항, 2-나-3)항, 3-다항 부분]을 아래 제2항과 같이 고쳐 쓰는 외에는 제1심판결 중 원고에 관한 그것과 같으므로, 민사소송법 제420조 본문에 의하여 이를 그대로 인용한다(제4항 결론 부분 제외).

2. 고쳐 쓰는 부분(징계재량권 일탈·남용 여부에 관한 판단)

가. 당사자의 주장

원고는 이 사건 징계처분 중 공개사과문 게재 명령(이하 '이 사건 공개사과명령'이라고 함)이 ○○대학교 학생상벌에 관한 규정(이하 '이 사건 상벌규정'이라고 함)에 근거가 없고, 원고의 양심의 자유를 침해하며, 봉사명령 200시간 및 이 사건 공개사과명령이 포함된 이 사건 징계처분이 원고의 비하여 과중한 것이어서, 이 사건 징계처분은 재량권을 일탈·남용한 경우에 해당하여 무효라고 주장한다. 이에 대하여 피고는, 원고에 대한 이 사건 징계처분이 교육적 차원에서 이루어진 것이므로 적법하다고 주장한다.

나. 판단

학생에 대한 징계처분이 교육적 재량행위라는 이유만으로 사법심사의 대상에서 당연히 제외되는 것은 아니고(대법원 1991. 11. 22. 선고 91누2144 판결 참조), 학생에 대한 징계권의 발동이나 징계의 양정이 재량권의 일탈·남용에 해당할 경우에는 위법하여 무효라고 보아야 한다.

그런데 이 사건 징계처분 중 공개사과명령은 아래 열거한 것과 같은 이유로 법령상 피고에게 주어진 재량권의 한계를 벗어나서 위법하므로 무효이다. 그리고 이 사건 공개사과명령이 무효인 이상 민법 제137조 본문에 따라 원고에 대한 이 사건 징계처분은 전부가 무효라고 보아야 한다. 왜냐하면, 피고에게는 징계 양정에 관하여 재량권이 인정되므로, 법원으로서는 이 사건 징계처분이 재량권의 일탈·남용으로 무효인지 여부만 판단할 수 있을 뿐, 법원이 적정하다고 인정하는 부분을 초과한 부부만의 일부 무효를 선언할 수는 없고, 피고로 하여금 징계재량권을 다시 행사하도록 하는 것이 타당할 것인바, 피고가 이 사건 공개사과명령이 무효임을 알았더라면 그 부분이 없더라도 이 사건 징계처분의 나머지 부분인 봉사명령 200시간의 징계처분만 하였을 것이라고 단정할 수는 없기 때문이다.

① 고등교육법 제13조 제1항은 "학교의 장은 교육상 필요하면 법령과 학칙으로 정하는 바에 따라 학생을 징계할 수 있다."고 규정하면서도 징계의 종류에 관하여는 아무런 규정을 두지 않고

있다. 그런데 갑 제3호증의 기재에 의하면, 이 사건 상벌규정 제5조는 학생에 대한 징계의 종류를 7일 이상 1월 미만의 근신, 1월 이상 3월 이하의 유기정학, 3월 초과의 무기정학 및 퇴학으로 구분하면서, 개전의 정이 있다고 판단될 경우 봉사명령을 처분할 수 있다고 규정하고 있을 뿐, 공개사과문 게재 명령을 징계의 종류로 규정하지 않고 있는 사실을 인정할 수 있는바, 이 사건 상벌규정은 징계의 종류를 한정적으로 열거하고 있는 것으로 보아야 한다. 따라서 이 사건 징계처분 중 고등교육법 및 이 사건 상벌규정에 근거가 없는 이 사건 공개사과명령은 법률과 학칙에 위반하여 무효이다. 한편 ○○대학교 성희롱·성폭력 방지 및 처리에 관한 규정 제20조 제4호, 제21조 제3항은 성희롱 고충심의위원회 위원장이 징계가 의결된 가해자에 대하여 '비공개 사과문, 반성문 및 각서'의 조치를 병행할 수 있다고 규정하고 있으나, 이는 성희롱 고충심의위원회 위원장의 조치에 관한 규정일 뿐, 고등교육법 및 학칙에 따라 학교의 장이 행하는 징계의 근거규정이 아니고, 설령 위 규정이 징계처분의 근거규정이 된다고 하더라도 비공개가 아닌 공개사과문 게재는 위 규정에도 포함되어 있지 아니하므로, 위 규정이 이 사건 공개사과명령의 근거가 될 수는 없으며, 만약 위 규정에 따른 조치에 이 사건 공개사과명령과 같은 징계처분이 포함되어 있다고 해석한다면, 위 규정은 뒤에서 보는 바와 같이 비례의 원칙에 위반하여 양심의 자유를 과도하게 제한하는 것이어서 무효이므로, 이에 기한 이 사건 공개사과명령도 무효라고 보아야 할 것이다. 그리고 학교폭력예방 및 대책에 관한 법률 제17조 제1항 제1호, 제4항은 학교의 장이 학교폭력 대책자치위원회의 요청이 있거나 학교폭력 가해학생에 대한 선도가 긴급하다고 인정할 경우에 가해학생에 대하여 '피해학생에 대한 서면사과'의 조치를 할 수 있다고 규정하고 있으나, 위 법률 조항이 서면사과를 명령 또는 강제하는 것까지 허용하는 것으로 해석될 수 있는지 여부는 별론으로 하고, 위 법률은 초·중등교육법에 따른 학교 내외에서 발생한 학교폭력에 적용되는 것이어서 (학교폭력예방 및 대책에 관한 법률 제2조, 제1호, 제2호) 이 사건 징계처분의 근거가 될 수 없다.

② 헌법상 기본권은 제1차적으로 개인의 자유로운 영역을 공권력의 침해로부터 보호하기 위한 방어적 권리이지만 다른 한편으로 헌법의 기본적인 결단인 객관적인 가치질서를 구체화한 것으로서, 사법을 포함한 모든 법 영역에 그 영향을 미치는 것이므로 사인 간의 사적인 법률관계도 헌법상의 기본권 규정에 적합하게 규율되어야 한다.

다만 기본권 규정은 그 성질상 사법관계에 직접 적용될 수 있는 예외적인 것을 제외하고는 관련 법규범 또는 사법상의 일반원칙을 규정한 민법 제2조, 제103조 등의 내용을 형성하고 그 해석기준이 되어 간접적으로 사법관계에 효력을 미치게 된다(대법원 2010. 4. 22. 선고 2008다38288 전원합의체 판결, 2018. 9. 13. 선고 2017두38560 판결 등 참조).

헌법 제19조는 "모든 국민은 양심의 자유를 가진다."라고 하여 양심의 자유를 기본권의 하나로 보장하고 있는바, 여기의 양심이란 세계관·인생관·주의·신조 등은 물론, 이에 이르지 아니하여도 보다 널리 개인의 인격형성에 관계되는 내심에 있어서의 가치적·윤리적 판단도 포함된다고 볼 것이다. 그러므로 양심의 자유에는 널리 사물의 시시비비나 선악과 같은 윤리적 판단에 국가가 개입해서는 안 되는 내심적 자유는 물론, 이와 같은 윤리적 판단을 국가권력에 의하여 외부에 표명하도록 강제받지 않는 자유 즉 윤리적 판단사항에 관한 침묵의 자유까지 포괄한다고 할 것이다(헌법재판소 1991. 4. 1. 선고 89헌마160결정).

그런데 이 사건 공개사과명령은 비행을 저질렀다고 믿지 않는 피징계자에게 비행을 자인할 것을 강요하고(따라서 불리한 진술을 강요당하는 것과 같은 결과가 될 수 있고, 공개사과문이 민·형사소송에서 비행을 부인하는 피징계자에게 불리한 증거로 사용되는 부작용을 초래할 수도 있음), 스스로 인정하거나 침구의 자유의 파생인 양심에 반하는 행위의 강제금지에 저촉되는 것이며, 따라서 헌법이 보호하고자 하는 정신적 기본권의 하나인 양심의 자유를 제한하는 것이다.

나아가서 비록 공개사과문 게재 명령이 피해자의 피해를 회복하고 가해자인 피징계자의 반성을 촉구하기 위한 교육적 목적에 기한 것으로서, 그 목적을 달성하기 위한 적절한 수단이 될 수 있다고 하더라도, 그것은 피징계자의 양심의 왜곡·굴적 내지 이중인격형성을 강요하는 것으로서 양심의 자유에 대한 제한의 정도가 매우 크고, 공개사과문 게재 명령이 아니더라도 피징계자가 징계를 받았다는 객관적인 사실을 공표함으로써 피징계자의 양심의 자유를 덜 제한하면서도 피징계자에 대한 반성의 촉구와 피해자의 피해 회복이라는 소기의 목적을 달성할 수 있는 수단을 충분히 상정할 수 있으므로, 최소 침해의 원칙에 어긋난다.

따라서 자신의 행위가 징계사유에 해당한다고 믿고 있지 않을 뿐만 아니라 잘못을 반성하거나 피해자에게 사과할 뜻이 전혀 없는 원고에 대한 이 사건 공개사과명령은 비례의 원칙에 위반하여 양심의 자유를 침해하는 것으로서, 학생에 대한 징계의 요건 및 한계를 규정하고 있는 고등교육법 제13조 제1항 소정의 '교육상 필요성'을 인정할 수 없으므로 징계재량권의 한계를 벗어난 것이다.

3. 결론

그렇다면 원고의 청구는 이유 있으므로 이를 인용하여야 한다. 제1심판결 중 원고에 관한 부분은 이와 결론을 달리 하여 부당하므로 이를 취소하기로 하여 주문과 같이 판결한다.

[행정]대법원 2022두39185 징계처분 취소청구

파기환송

- '학교 내 봉사' 징계의 범위와 한계에 대한 사건 -

[판례 요약]

◇구 「초.중등교육법」시행령 제31조 제1항 제1호의 '학교 내 봉사'에 '교사에 대한 사과편지작성'이 당연히 포함되는지 여부(소극)◇

「초.중등교육법」및 그 근간이 되는 교육기본법에 따르면, 학교교육은 학생의 창의력 계발 및 인성 함양을 포함한 전인적 교육을 중시하여 이루어지고, 그 과정에서 학생의 기본적 인권이 존중되고 보호되어야 하며, 교원은 학생 개개인의 적성을 계발할 수 있도록 노력하여야 하고(교육기본법 제9조, 제12조, 제14조), 이러한 학교교육을 위하여 필요한 경우에는 법령과 학칙으로 정하는 바에 따라 학생을 징계할 수 있되, 그 징계는 학생의 인격이 존중되는 교육적인 방법으로 하여야 한다[구「초.중등교육법」(2021. 3. 23. 법률 제17954호로 타법개정되기 전의 것, 이하 같다) 제18조 제1항 및 같은 법 시행령 제31조 제2항]. 그렇다면 의무교육대상자인 초등학교

・중학교 학생의 신분적 특성과 학교교육의 목적에 비추어 교육의 담당자인 교원의 학교교육에 관한 폭넓은 재량권을 존중하더라도, 법령상 명문의 규정이 없는 징계처분의 효력을 긍정함에 있어서는 그 처분 내용의 자발적 수용성, 교육적·인격적 측면의 유익성, 헌법적 가치와의 정합성 등을 종합하여 엄격히 해석하여야 할 필요가 있다.

☞ 구「초·중등교육법」제18조 제1항 및 같은 법 시행령 제31조 제1항 제1호에서 정한 징계인 '학교 내 봉사'에 '교사에 대한 사과편지작성'이 당연히 포함된다고 볼 법령상 근거가 없음에도, '학교 내 봉사 2시간'의 징계처분의 내용에 '교사에 대한 사과편지작성 1시간'을 포함시킨 이 사건 징계처분을 적법하다고 본 원심의 판단에 구「초·중등교육법」제18조 제1항 및 같은 법 시행령 제31조 제1항 제1호의 해석에 관한 법리를 오해함으로써 판결에 영향을 미친 잘못이 있다고 보아 이를 파기·환송한 사례

I 법원의 결정

원심판결을 파기하고, 사건을 서울고등법원에 환송한다.

Ⅱ 판결이유

상고이유를 판단한다.

1. 행정절차법 위반 여부 (상고이유 제2점)

원심은 판시와 같은 이유로, 피고가 2019. 11. 4. 적법하게 선도위원회를 개최한 후 그 의결에 따라 적법한 절차를 거쳐 이 사건 처분을 하였고, 그 과정에서 부여한 의견 제출기간에 이 사건 처분을 취소할 정도의 절차적 하자가 없다고 판단하였다.

원심판결 이유를 관련 법리 및 기록에 비추어 살펴보면, 이러한 원심의 판단에 행정절차법 제21조에 관한 법리를 오해함으로써 판결에 영향을 미친 잘못이 없다.

2. 초·중등교육법 및 동법 시행령 위반 여부 (상고이유 제1점)

가. 원심 판단

1) 원심판결 이유에 따르면, ① 원고는 2019. 10. 22. 수업 중 화장실을 간다는 이유로 교사의 허락을 받은 후 교실 밖 복도에 앉아 휴대전화를 이용하여 카카오 톡 메신저로 문자메시지를 주고받다가 생활지도담당교사에게 적발된 사실, ② 생활지도담당교사는 원고에게 휴대전화의 제출을 요구하였으나, 원고는 해당 교사를 쳐다보거나 대답하지도 아니한 채 계속하여 휴대전화를 사용하였고, 이에 해당 교사가 원고에게 '생활지도교사로서 지도를

하는 것이고, 지도를 듣지 아니하면 지시불이행이 된다.'는 취지로 경고하면서 휴대전화의 제출을 2회 더 요구하였음에도 원고는 휴대전화를 제출하지 아니한 사실, ③ 해당 교사의 연락을 받은 학생부장교사가 원고에게 이와 같은 사실을 확인하는 중에도 원고는 휴대전화를 사용하면서 대답을 하지 아니하였고, 학생부장교사가 원고에게 '휴대전화를 제출하라'는 취지로 말하는 중에도 원고는 휴대전화를 제출하지 아니하면서 '이런 분이셨구나. 학생들이 선생님에 관하여 말을 많이 하는데'라는 취지로 말한 후 휴대전화를 가지고 교실로 들어간 사실, ④ 피고는 2019. 11. 5. '수업시간 중 핸드폰 휴대 및 사용, 교사지시 불이행 및 지도 불응'을 이유로 원고에게 □□중학교 학교생활규정 제8조 제2.3 항, □□중학교 학생생활협약 1. 제3항, 강원도교육청 교권침해 사안 처리규정 제4조 제4호에 따라 교내봉사 2시간(교내환경정화 활동 1시간, 사과편지작성 1시간)의 징계처분을 한 사실을 알 수 있다.

2) 원심은 이러한 사정을 바탕으로 하여 판시와 같은 이유로, 원고의 행위가 '학교 내의 봉사'를 명하는 징계사유에 해당하고, '학교 내의 봉사'에 '심성교육'이 포함된 이상 '사과편지작성'도 징계내용에 포함되므로, 이 사건 처분이 적법하다고 판단하였다.

나. 대법원 판단

1) 「초.중등교육법」및 그 근간이 되는 교육기본법에 따르면, 학

교교육은 학생의 창의력 계발 및 인성 함양을 포함한 전인적 교육을 중시하여 이루어지고, 그 과정에서 학생의 기본적 인권이 존중되고 보호되어야 하며, 교원은 학생 개개인의 적성을 계발할 수 있도록 노력하여야 하고(교육기본법 제9조, 제12조, 제14조), 이러한 학교교육을 위하여 필요한 경우에는 법령과 학칙으로 정하는 바에 따라 학생을 징계할 수 있되, 그 징계는 학생의 인격이 존중되는 교육적인 방법으로 하여야 한다[구「초·중등교육법」(2021. 3. 23. 법률 제17954호로 타법개정되기 전의 것, 이하 같다) 제18조 제1항 및 같은 법 시행령 제31조 제2항].

그렇다면 의무교육대상자인 초등학교·중학교 학생의 신분적 특성과 학교교육의 목적에 비추어 교육의 담당자인 교원의 학교교육에 관한 폭넓은 재량권을 존중하더라도, 법령상 명문의 규정이 없는 징계처분의 효력을 긍정함에 있어서는 그 처분 내용의 자발적 수용성, 교육적·인격적 측면의 유익성, 헌법적 가치와의 정합성 등을 종합하여 엄격히 해석하여야 할 필요가 있다.

원심판결 이유를 위 법리 및 기록에 비추어 살펴보면, 원고가 □□중학교 학교생활규정 제8조 제2.3항 및 □□중학교 학생생활협약 1. 제3항 등 규정을 위반하였음이 분명하고, 해당 징계사유에 관하여 '학교 내 봉사'의 징계를 명한 것은 적법하나, '학교 내 봉사'의 하나로 '사과편지작성'까지 명할 수 있다고 본 원심의 판단은 아래와 같은 이유에서 수긍할 수 없다.

가) 구「초·중등교육법」은 학교의 장으로 하여금 교육상 필요한 경우에 법령과 학칙에 따라 학생을 징계할 수 있도록 하였고(제18조 제1항), 같은 법 시행령은 징계의 하나로 '학교 내의 봉사'를 정하였으며(제31조 제1항 제1호), 학교의 장으로 하여금 징계를 할 때에 학생의 인격이 존중되는 교육적인 방법으로 하도록 정하였다(제31조 제2항).

이러한 법령에 따라 마련된 '□□중학교 학교생활규정'은 징계의 종류 중 하나로 '학교 내의 봉사'를 정하였고(제19조 제1항), '학교 내의 봉사'를 하는 학생에게는 '학교환경 미화작업, 교원의 업무보조, 교재·교구정비, 기타 이에 준하는 업무'를 내용으로 하는 지도활동(봉사활동, 심성교육 등)을 10시간 이내로 실시하도록 하였으며(제19조 제2항), 징계 외의 지도방법 중 '2단계 과제 부과'의 하나로 '반성문 작성'이 포함되어 있다(제31조 제2항).

나) 위와 같은 관련 법령 및 규정의 문언·체계를 종합하여 보면, '학교 내의 봉사'의 내용으로 열거된 학교환경 미화작업, 교원의 업무보조, 교재·교구정비는 모두 학사행정이나 교육활동의 보조 업무를 담당하도록 하는 것이므로, '기타 이에 준하는 업무' 역시 이와 동일한 성질의 것을 의미한다고 봄이 타당하다. 비록 □□중학교 학교생활규정 제19조 제2항에 '심성교육'이라는 문구가 포함되어 있으나, 해당 규정의 내용과 전체적인 취지에 비추

어 보면, 이는 '학교 내의 봉사'의 내용을 규정한 것이 아니라 '학교 내의 봉사'에 관한 지도활동을 통해 달성하고자 하는 교육적 목표를 나타낸 것으로 봄이 타당하므로, 이에 근거하여 '학교 내의 봉사'의 내용에 '사과편지작성'이 당연히 포함된다고 볼 수 없다.

학교의 장은 교육을 위하여 필요한 경우에도 법령과 학칙으로 정하는 바에 따라 학생을 징계할 수 있다고 한 구「초.중등교육법」제18조의 규정과 징계가 갖는 불이익처분으로서의 성격에 비추어 보더라도, 명시적 근거 없이 처분의 범위를 넓혀 해석할 수는 없고, 그 징계처분에 이르게 된 다양한 상황 및 이를 쉽게 받아들이거나 이해하지 못할 수 있는 학생의 특성 기타 특수한 사정에 비추어 볼 때, 학생의 본심에 반하여 사죄의 의사표시를 강제하는 '사과편지작성'이 언제나 그 작성자의 심성에 유익할 것이라거나 교육의 목적에 부합할 것이라고 추단할 수도 없기 때문이다.

다) 위 학교생활규정 제31조 제2항에서 '반성문 작성'이 포함되어 있으나, 이는 징계 외의 지도방법의 하나로 규정된 것이어서, 이를 근거로 명문의 규정이 없이도 '학교 내의 봉사'의 징계 내용으로 '사과편지작성'이 가능하다고 해석할 수도 없다.「학교폭력예방 및 대책에 관한 법률」제17조 제1항 제1호에 '피해학생에 대한 서면사과'도 명시되어 있으나, 위 조항은 학교 내외에서 학

생을 대상으로 발생한 폭력 등 행위를 대상으로 가해학생의 선도·교육 및 피해학생과 가해학생 간의 분쟁조정을 통하여 학생의 인권을 보호하고 학생을 건전한 사회구성원으로 육성하기 위하여 가해학생의 피해학생에 대한 조치로 규정한 것에 불과할 뿐만 아니라 같은 항 제3호에서 규정한 '학교에서의 봉사'와 명백히 구별되는 조치인 이상, 이를 근거로 교사에 대하여 사과편지를 작성할 것을 명하는 '사과편지작성'이 징계처분인 '학교 내 봉사'의 내용에 당연히 포함된다고 볼 수도 없다.

2) 앞서 본 사정에 비추어, 이 사건 처분 중 '사과편지작성 1시간'을 명한 부분은 '학교 내 봉사'의 징계 내용에 당연히 포함되는 것이라고 볼 수 없고, 달리 이를 허용하는 법령상 근거가 없는바, 그럼에도 이 사건 처분을 적법하다고 본 원심의 판단에는 구「초.중등교육법」제18조 제1항 및 같은 법 시행령 제31조 제1항 제1호의 해석에 관한 법리를 오해함으로써 판결에 영향을 미친 잘못이 있다.

3. 결론

그러므로 나머지 상고이유에 대한 판단을 생략한 채, 원심판결을 파기하고 사건을 다시 심리·판단하도록 원심법원에 환송하기로 하여, 관여 대법관의 일치된 의견으로 주문과 같이 판결한다.

[행정]수원지방법원 2019구합74943
학교폭력처분취소

Ⅰ 법원의 결정

1. 원고의 청구를 기각한다.
2. 소송비용은 원고가 부담한다.

Ⅱ 판결 이유

1. 처분의 이유

가. 원고와 E은 화성시 F에 있는 D초등학교에 재학 중인 학생이다.

나. D초등학교 학교폭력대책심의위원회(이하 '이 사건 자치위원회'라 한다)는 2019. 9. 5. 2019년도 제3회 학교폭력대책심의위원회 회의를 개최하고 E에 대하여 아래와 같은 내용의 조치원인에 대한 안건을 상정하여 심의한 결과, 이 사건 자치위원회 위원 9인의 만장일치로 E이 원고에게 학교폭력을 가한 것으로 인정하여 E에 대하여 구 학교폭력 예방 및 대책에 관한 법률(2019. 8.

20. 법률 제16441호로 개정되기 전의 것, 이하 '구 학교폭력예방법'이라 한다) 제17조 제1항에 따른 서면사과(제1호) 조치를 할 것을 의결하였다.

---

① E은 2019. 5. 10. 급식시간에 새치기를 하여 원고와 다툰 후 문자로 원고에게 '개새끼'. '꺼져', '닥쳐', '씨발', '미친년' 등의 욕설을 하였다.

② E은 2019. 5.경 원고의 뒷목을 수회 때렸고(이른바 '딱밤'), 원고가 E에게 아프다며 하지 말라고 하여 그 이후에는 하지 않았다.

③ E은 2019. 불상의 기일에 손바닥으로 같은 반 학생인 G의 등을 치고, 원고의 허벅지를 때려 원고로 하여금 멍이 들도록 하였다.

④ E은 2019. 7. 10.경 G 원고와 이야기하던 중 웃기다면서 원고를 밀쳐 원고로 하여금 휘청거리다가 넘어져 다리를 다치게 하였다.

⑤ E은 2019. 8. 26. 원고를 째려보았다.
E은 이상의 행위 등으로 인하여 원고로 하여금 정신적으로 힘들게 하였다.

다. 피고는 2019. 9. 17. 이 사건 자취위원회 의결에 따라 E에게 서면사과 조치(이하 '이 사건 처분'이라 한다)를 하였다.

2. 본안 전 항변에 대한 판단

가. 피고 주장의 요지

이 사건 처분의 직접 상대방이 아닌 원고는 구 학교폭력예방법 제17조의2에 따라 피해학생으로서 학교장의 가해학생에 대한 조치에 대해 재심을 청구할 수 있는 뿐 가해학생에 대한 이 사건 처분을 행정소송으로 다툴 원고적격이 없다.

나. 판단

1) 행정처분의 직접 상대방이 아닌 제3자라 하더라도 당해 행정처분으로 법률상 보호되는 이익을 침해당한 경우에는 취소송을 제기하여 당부의 판단을 받을 자격이 있다. 여기에서 말하는 법률상 보호되는 이익은 당해 처분의 근거 법규 및 관련 법률에 의하여 보호되는 개별적·직접적·구체적 이익이 있는 경우를 말한다. 또 당해 처분의 근거 법규 및 관련 법규에 의하여 보호되는 법률상 이익은 당해 처분의 근거 법규의 명문 규정에 의하여 보호받는 법률상 이익, 당해 처분의 근거 법규에 의하여 보호되지 아니하나 당해 처분의 행정목적을 달성하기 위한 일련의 단계적인 관련 처분들의 근거 법규에 의하여 명시적으로 보호받는 법률상 이익, 당해 처분의 근거 법규 또는 관련 법규에서 명시적으로 당해 이익을 보호하는 명문의 규정이 없더라도 근거 법규 및 관련 법규의 합리적 해석상 그 법규에서 행정청을 제약하는 이유가 순수한 공익의 보호만이 아닌 개별적·직접적·구체적 이익을 보호하는 취지가 포함되어 있다고 해석되는 경우까지를 말한다(대법

원 2015. 7. 23. 선고 2012두19496, 19502 판결 등 참조).

2) 구 학교폭력예방법에는 학교장이 가해학생에게 한 조치에 대하여 피해학생이 해당 조치보다 더 무거운 조치를 할 것을 요구하는 행정소송을 제기할 수 있다는 명문의 규정은 없다. 그러나 다음과 같은 이유로 피해학생은 학교장이 가해학생에게 한 조치에 대하여 그 조치의 취소를 소로써 구할 법률상 이익이 있어 원고적격이 있다고 판단된다. 따라서 피고의 본안전 항변은 이유 없다.

① 구 학교폭력예방법 제17조 제1항은 자치위원회가 학교의 장에게 요청할 수 있는 가해학생에 대한 조치의 목적으로 가해학생의 선도·교육 이외에 피해학생의 보호를 들고 있고, 가해학생에게 지나치게 가벼운 조치가 내려진 경우 피해학생이 학교폭력으로부터 충분한 보호를 받지 못하게 될 우려가 있다.

② 구 학교폭력예방법은 피해학생과 그 보호자로 하여금 학교장이 가해학생에게 한 조치에 대하여 학교폭력대책지역위원회에 재심을 청구할 수 있고(제17조의2 제1항), 그 지역위원회의 재심결정에 대하여 행정심판을 제기할 수 있다고 규정하고 있을 뿐이고(제17조의2 제4항), 피해학생이 학교장의 조치에 대하여 행정소송을 제기할 수 없다는 명문의 규정을 두고 있지는 않으므로, 위와 같은ㄴ 구 학교폭력예방법의 규정이 피해학생의 행정소

송법 제12조에 근거한 취소송의 제기를 배제한다고 해석할 수도 없다.

③ 오히려 앞서 본 바와 같이 피해학생이 학교폭력으로부터 보호를 받도록 함이 가해학생에 대한 조치를 하도록 정한 구 학교폭력예방법의 취지라면, 피해학생이 행정소송법 제12조에 의한 취소소송을 제기할 수 있도록 하여 피해학생의 권리구제의 길을 열어주는 것이 타당하다.

3. 이 사건 처분의 적법 여부

가. 원고의 주장 요지

이 사건 처분은 E이 한 가해행위의 내용과 정도를 고려할 때 지나치게 낮은 처분으로 재량권을 일탈·남용한 위법이 있다.

나. 판단

1) 구 학교폭력예방법 제17조 제1항은 '자치위원회는 피해학생의 보호와 가해학생의 선도·교육을 위하여 가해학생에 대하여 다음 각 호의 어느 하나에 해당하는 조치(수 개의 조치를 병과하는 경우를 포함한다)를 할 것을 학교의 장에게 요청하여야 하며, 각 조치별 적용기준은 대통령령으로 정한다'라고 규정하고 있고, 이에 따라 학교폭력예방법 시행령 제19조는 '법 제17조 제1항의 조치별 적용기준은 가해학생이 행사한 학교폭력의 심각성·지속성·고의성(제1호), 가해학생의 반성 정도(제2호), 해당 조치로 인

한 가해학생의 선도가능성(제3호), 가해학생 및 보호자와 피해학생 및 보호자 간의 화해의 정도(제4호), 피해학생이 장애학생인지 여부(제5호)를 고려하여 결정하고, 그 세부적인 기준은 교육부장관이 정하여 고시한다'고 규정하고 있다. 그 위임에 따른 학교폭력 가해학생 조치별 적용 세부기준 고시(2016. 8. 31. 교육부고시 제2016-99호), 제2조 제1항 [별표]는 구체적으로 학교폭력의 심각성, 지속성, 고의성, 가해학생의 반성 정도, 화해정도 영역을 나누고 각 영역마다 0점부터 4점까지 점수를 부과하여 총점을 산정한 후 그에 따라 가해학생에 대한 조치를 하도록 정하고 있고, 부가적으로 '해당 조치로 인한 가해학생의 선도 가능성', '피해학생이 장애학생인지 여부'를 고려하여 조치를 가중하거나 감경할 수 있다록 정하고 있다.

위와 같은 규정의 내용, 형식 및 취지 등에 비추어 보면, 해당 학교의 장이 학교폭력 가해학생에 대하여 어떠한 조치를 할 것인지 여부는 학교의 장의 판단에 따른 재량행위에 속하고, 학교폭력에 대한 조치가 사회통념상 현저하게 타당성을 잃어 재량권을 일탈·남용하였는지 여부는 학교폭력의 내용과 성질, 조치를 통하여 달성하고자 하는 목적 등을 종합하여 판단하여야 한다.

2) 앞서 인정한 사실과 앞서 든 증거에다가 갑6, 7호증, 을2 내지 5호증(가지번호 있는 것은 각 가지번호 포함)의 각 기재 및 변론 전체의 취지를 종합하여 알 수 있는 다음과 같은 사정, 즉

① 피해학생의 보호, 가해학생의 선도·교육 및 피해학생과 가해학생간의 분쟁조정을 통하여 학생의 인권을 보호하고 학생을 건전한 사회구성원으로 육성하려는 구 학교폭력예방법의 입법 취지와 이를 위하여 학교폭력대책자치위원회를 별도로 마련한 구 학교폭력예방법의 규정 내용 등을 고려할 때, 교육전문가인 학교의 장이 학교폭력대책자치위원회의 요청에 따라 교육목적과 내부질서유지를 위하여 징계처분을 한 결과는 가능한 존중되어야 하는 점, ② 이 사건 학교폭력은 대체로 E이 원고와 서로 다투거나 감정적으로 충돌하는 상황에서 우발적으로 저지른 잘못으로 지속적이고 악질적인 행태로 이루어진 것은 아니였고, 개별적인 학교폭력의 정도 역시 심각한 수준이었다고 보기는 어려운 점, ③ 이 사건 자취위원회는 위 세부기준 고시 [별표]에 따라 학교폭력의 심각성, 지속성, 고의성을 각 '없음'으로, 가해하갯ㅇ의 반성정도를 '매우 높음'으로, 화해정도를 '높음'으로 각 판정하여 판정 점수의 합계를 1점으로 산정하였고, 위 판정 점수를 토대로 그에 상응하는 조치인 피해학생에 대한 서면사과 조치를 정하였는바, E이 가한 학교폭력의 내용과 정도, 경위 등에 비추어 위와 같은 평가가 현저히 타당성을 잃었다고 보이지는 않는 점, ④ 설령 원고가 지적하고 있는 화해정도 등의 판단 요소에 있어 더욱 엄격한 기준을 토대로 판정 점수를 다시 산정한다고 하더라도 그 판정 점수의 합계가 서면사과조치에 해당하는 범위(1~3점)를 넘어서게 된다고 단정하기 어려운 점 등 제반사정에 비추어 보면, 이 사건 처분이 사회통념상 현저하게 타당성을 잃은 것으로서 재량

권을 일탈·남용한 위법이 있다고 볼 수 없다.

4. 결론

그렇다면, 원고의 이 사건 청구는 이유 없으므로 이를 기각하기로 하여 주문과 같이 판결한다.

[행정]서울행정법원 2019구합83311 학교폭력 징계처분 취소 등

Ⅰ 법원의 결정

1. 원고들의 주위적 청구와 예비적 청구를 모두 기각한다.
2. 소송비용은 원고들이 부담한다.

Ⅱ 판결 이유

주위적으로, 피고가 2019. 9. 23. 원고 A에 대하여 한 서면사과, 교내봉사, 특별교육이수 처분은 각 무효임을 확인한다. 예비적으로, 피고가 2019. 9. 23. 원고 A에 대하여 한 서면사과, 교내봉사, 특별교육이수, 원고 B에 대하여 한 특별교육이수 처분을 각 취소한다.

1. 처분의 경위

가. 피고는 서울특별시에 소재한 공립학교인 C중학교의 학교장이다. 원고 A와 D는 2019학년도에 C중학교 1학년 5반에 재학하였던 학생들이고, 원고 B은 원고 A의 어머니이자 보호자이다.

나. C중학교의 학교폭력대책자치위원회(이하 '이 사건 자치위원회'라 한다)는 2019. 9. 23. 원고 A와 D에 관하여 회의를 개최하였다. 이 사건 자치위원회는 원고 A에 대하여 구 학교폭력예방 및 대책에 관한 법률 제17조 제1항 제1호에 따른 피해학생에 대한 서면사과, 제3호에 따른 학교에서의 봉사 3일, 제3항에 따른 특별교육이수 2시간 및 제9항에 따른 보호자 특별교육이수 2시간의 각 조치를 의결하였고, D에 대하여 학교폭력예방법 제17조 제1항 제1호에 따른 피해학생에 대한 서면사과 조치를 의결하였다.

다. 이에 피고는 2019. 9. 23. 원고 A에 대하여 'D에게 이마를 박치기하여 전치 3주 상당의 상해를 입힘'이라는 조치원인을 이유로, D에 대하여 '원고 A와 몸싸움을 함'이라는 조치원인을 이유로 각각 이 사건 자치위원회의 의결과 동일한 내용의 처분을 하였다(이하 원고 A에 대한 피해학생에 대한 서면사과, 학교에서의 봉사 3일 및 특별교육이수 2시간의 처분을 합하여 '이 사건 제1처분'이라 하고, 원고 B에 대한 보호자 특별교육이수 2시간의 처분을 '이 사건 제2처분'이라 하며, 이를 통틀어 '이 사건 각 처분'이라 한다).

2. 피고의 본안 전 항변에 관한 판단

가. 피고의 주장

원고 B은 피고에 대하여 이 사건 제2처분의 무효확인 내지 취소를 구하는 소를 제기하였다. 그러나 이 사건 제2처분은 원고 A에 대한 특별교육이수 처분이 취소되는 경우 그 효력을 상실하게 되므로 원고 B이 이를 별도로 다툴 소의 이익이 없고 원고 B의 소는 부적법하다.

나. 판단

항고소송은 처분등의 취소 또는 무효확인을 구할 법률상 이익이 있는 자가 제기할 수 있고(행정소송법 제12조, 제35조), 불이익처분의 상대방은 직접 개인적 이익의 침해를 받은 자로서 원고적격이 인정된다(대법원 2018. 3. 27. 선고 2015두47492 판결 등 참조).

학교폭력예방법은 가해학생의 선도·교육을 위하여 가해학생에게 취할 수 있는 조치 중의 하나로 전문가에 의한 특별교육이수를 규정하고 있고(제17조 제1항 제5호, 제3항), 자치위원회는 가해학생이 특별교육을 이수할 경우 해당 학생의 보호자도 함께 교육을 받게 하여야 한다고 규정하고 있다(제17조 제9항). 또한 구 학교폭력 가해학생조치별 적용 세부기준 고시(2020. 2. 25. 교육부고시 제2020-218호로 개정되기 전의 것, 이하 '세부기준 고시'라 한다) 제2조 제4항에 의하면, 가해학생 보호자에 대한 특별교육이수 조치는 가해학생에 대한 특별교육이수 조치와 별도로 그 기간이 정하여진다. 위와 같은 규정의 내용에 비추어 보면 가해학생 보호자에 대한 특별교육이수 조치가 가해학생에 대한 특별교육이수 조치를 전제요건으로 하여 부과되는 것이라고 하더라도, 가해학생의 보호자는 가해학생과 별도로 교육의 대상이 되어 특별교육을 이수하여야 할 의무를 직접적으로 부담하는 처분의 상대방에 해당하며, 가해학생 보호자에 대한 특별교육이수 조치가 가해학생에 대한 특별교육이수 조치와 별개로 존재하는 처분이 아니라고 볼 수는 없다. 가해학생에 대한 특별교육이수 조치에 위법이 존재하지 아니하여 해당 처분이 유효하더라도, 해당 학생의 보호자로서 특별교육이수 조치를 받게 되는 상대방에게 자신에 대한 특별교육이수 처분에 존재하는 고유한 위법을 다툴 필요성이 있을 수 있다.

따라서 학교폭력예방법 제17조 제9항에 따라 특별교육이수 조치를 받은 원고 B에게는 해당 처분의 적법 여부를 다툴 법률상 이익이 있다고 봄이 타당하다. 이

사건 제2처분의 무효확인 내지 취소를 구하는 원고 B
의 소는 적법하고, 피고의 본안 전 항변은 이유없다.

3. 이 사건 각 처분의 적법 여부
가. 원고들의 주장

D는 고의적·지속적으로 원고 A에게 헤드락을 걸어 숨이 막힐 정도로 목을 누르고 팔로 온몸을 꽉 붙잡는 행위를 하였고, 원고 A는 D에게 붙잡힌 상태에서 벗어나기 위해 소극적·방어적으로 머리를 들어 D를 가격하였을 뿐이다. 따라서 원고 A는 폭행의 피해자이고 원고 A의 행위는 정당방위는 긴급피난에 해당함에도, 피고가 원고들에게 한 이 사건 각 처분은 D에 대한 처분에 비하여 지나치게 과중하여 재량권을 이탈·남용한 위법이 있으므로 무효이거나 취소되어야 한다.

나. 인정사실
1) 이 사건 학교폭력사건의 경위

가) 원고 A는 2019. 9. 5. 1학년 5반 교실ㅇ레서 뛰던 중 같은 반 학생인 E과 부딪혔다. E의 옆에 있던 D는 원고 A를 쫓아가, 원고 A의 목에 한쪽 팔을 걸고 옆구리에 끼는 이른바 '헤드락'을 거는 행동을 하였다. 주위에서 그만하라고 말려 D가 팔을 풀자 원고 A는 자신의 머리로 D의 얼굴을 들이받아 박치기를 하였

고, 그 후 원고 A와 D는 주먹으로 얼굴을 때리는 등
몸싸움을 하였다(이하 '이 사건 학교폭력사건'이라 한
다).

나) 이 사건 학교폭력사건의 구체적인 경위에 관하
여, 원고 A는 2019. 9. 5. 작성한 사실확인서에서 '내
가 뛰어다니다가 E과 부딪혔고 미안하다고 했는데 D
가 장난으로 복수하겠다며 쫓아왔다. 도망 다니다가
결국엔 잡혔는데 내가 살짝 흥분해있었다. 그래서 D가
흥분을 가라앉히려고 나를 잡았지만, 꽉 잡고 있어서
숨이 살짝 막혔고 친구들이 놓으라고 해서 D가 나를
놓았다. 그러다 D가 다쳤고, D가 나를 잡아서 내가
가려고 D를 밀치다 안경을 쳤고 그 후 싸웠다.'라고
진술하였다. 원고 A는 2019. 9. 23. 이 사건 자치위원
회 회의에서 'E에게 사과하고 뛰어가다가 책상 모서리
에 배를 부딪혀 고개를 숙이게 됐는데 D가 와서 헤드
락을 걸었다. 제가 빠져나오려고 뿌리치다가 D의 얼굴
을 긁었고, 발버둥을 치자 D가 풀어줬다. 제가 화가
나서 흥분한 상태로 D를 때리려고 하자 D가 저의 팔
을 잡았고 제 가슴 쪽으로 머리를 대고 밀어서, 제가
머리로 D의 머리를 세게 한 번, 살짝 한 번 박았다.
그 후에는 D가 저를 주먹으로 때렸다.'라고 진술하였
다.

다) 한편 D는 2019. 9. 5. 작성한 사실확인서에서 '원고 A가 뛰어다니고 장난치다 E을 쳤다. 그때 E이 화가 나 있어서 내가 복수해준다고 하면서 원고 A를 잡고 사과시키려 했는데 웃으면서 원고 A가 도망쳤다. 결국 잡았는데, 원고 A가 잔뜩 화냈고 막 때리려고 해서 내가 진정하라고 하면서 잡았다. 원고 A가 날 할퀴고 더 흥분한 것 같아서 내가 또 진정하라고 잡았다. 그런데 안경을 치고 박치기하고 때려서 나도 때리고 서로 싸웠다.'라고 진술하였다. D는 2019. 9. 23. 이 사건 자치위원회 회의에서 '사과를 제대로 해야 할 것 같아서 도망치는 원고 A의 어깨를 잡았더니 원고 A가 화내며 뿌리치면서 손톱으로 할퀴었다. 당황해서 뒤에서 안듯이 진정하라고 꺼안았는데 원고 A가 아래에서 위로 팔을 뿌리쳐서 제 안경이 떨어졌다. 안경을 줍고 나니 원고 A가 흥분해 있어서 제가 원고 A 목을 팔로 잡고 헤드락을 걸었다. 친구들이 말려서 놓았는데 원고 A가 가운데 손가락으로 욕을 하면서 입으로 쌍욕을 했다. 그래서 제가 다가갔는데 원고 A가 저한테 박치기를 했고 그때부터 싸우게 되었다. 제가 원고 A의 얼굴을 2~3대 때렸고 원고 A도 저를 2~3대 때렸다.'라고 진술하였다.

라) 이 사건 학교폭력사건에 대한 사안조사 보고서에 의하면, 사건을 목격한 학생들 3명은 '원고 A가 E을 쳤는데 미안하다고 사과를 했다. D가 복수해주겠다며 원고 A를 잡으려고 해서 원고 A가 도망치다가 목을 D의 한쪽 팔과 옆구리에 낀 채로 붙잡혔다. D가 계속 팔로 원고 A의 목을 감고 있어서 화가 난 원고 A가 D의 옆구리를 계속 툭툭 치면서 놓으라고 하였고, D는 원고 A에게 진정하라고 말하였다. 원고 A가 기침을 하고 얼굴을 조금 빨개지자 친구들이 그만하라고 말렸고, D가 원고 A의 목을 잡았던 팔을 풀었다. 원고 A가 D에게 먼저 박치기를 하고 D가 원고 A에게 맞받아 서로 박치기를 했다.

그 후 서로 주먹으로 얼굴을 치면서 싸웠다'라는 취지로 진술하였다. 또한 목격 학생 1명은 사실확인서에서 'D가 원고 A를 잡고 둘이 안아서 장난인 줄 알았다. 그런데 원고 A가 흥분해서 D한테 가운데 손가락을 들면서 욕을 하고 D는 진정하라고 안아주었는데, 갑자기 두이 주먹질을 하면서 치고 박고 싸웠다. 둘이 박치기하는 모습은 못 봤다. 평소에 D가 친구들한테 시비를 걸거나 장난으로 박치기하는 모습을 봤다.'라고 진술하였다.

2) 사건 이후의 경과

가) D는 2019. 9. 5. 당일 왼쪽 이마와 눈 부위가 부어 병원에 내원하였고 CT촬영 결과 뼈에는 이상이 없다는 진단을 받았으나, 붓기가 가라앉지 않아 2019. 9. 7. 혈종제거술 및 2019. 9. 11. 봉합술을 받았다. D는 2019. 9. 11. 3주간의 치료가 필요하다는 진단을 받았고 18일 동안 학교에 등교하지 않았다.

나) 원고 A는 D에게 문자메시지로 미안하다는 내용을 보내 사과하였다. 원고 B은 D의 집에 방문하였고 치료비를 부담하겠다는 뜻을 밝혔으나 D측은 원고 B이 자신의 입장만 밝히고 시시비비를 가리려 하였을 뿐 진정한 사과를 받지 못하였다고 생각하였으며, 2019. 10.경까지 치료비 부담에 관한 합의는 이루어지지 않았다.

다) 원고 B은 피고가 D에 대하여 한 피해학생에 대한 서면사과 조치를 관하여 피해학생의 보호자로서 2019. 10. 7. 서울특별시 학교폭력대책지역위원회에 재심을 청구하였으나, 위 위원회에서는 2019. 11. 8. 피고의 조치가 적절하다고 보아 원고 B의 재심청구를 기각하였다.

다. 판단

1) 학교폭력예방법 제17조 제1항은 "자치위원회는 피해학생의 보호와 가해학생의 선도·교육을 위하여 가해학생에 대하여 다음 각 호의 어느 하나에 해당하는 조치를 할 것을 학교의 장에게 요청하여야 하며, 각 조치별 적용기준은 대통령령으로 정한다."라고 규정하고 있다. 그 위임에 따른 구 학교폭력예방 및 대책에 관한 법률 시행령(이하 '학교폭력예방법 시행령'이라 한다) 제19조는 "법 제17조 제1항의 조치별 적용 기준은 가해학생이 행사한 학교폭력의 심각성·지속성·고의성, 가해학생의 반성 정도, 해당 조치로 인한 가해학생의 선도 가능성, 가해학생 및 보호자와 피해학생 및 보호자 간의 화해의 정도 등을 고려하여 결정하되, 그 세부적인 기준은 교육부장관이 정하여 고시한다."라고 규정하고 있다.

위와 같은 규정의 내용, 형식 및 취지 등에 비추어 보면, 해당 학교의 장이 학교폭력 가해학생에 대하여 어떠한 조치를 할 것인지 여부는 학교의 장의 판단에 따른 재량행위에 속하고, 학교폭력에 대한 조치가 사회통념상 현저하게 타당성을 잃어 재량권을 일탈·남용하였는지 여부는 학교폭력의 내용과 성질, 조치를 통

하여 달성하고자 하는 목적 등을 종합하여 판단하여야
한다.

2) 앞서 인정한 사실에 변론 전체의 취지를 더하여
알 수 있는 다음과 같은 사정들을 종합하면, 원고들이
주장하는 모든 사정을 참작한다고 하더라도 이 사건
각 처분이 사회통념상 현저하게 타당성을 잃을 정도여
서 피고가 재량권의 범위를 일탈하거나 재량권을 남용
한 것이라고 보기는 어렵다.

① 원고 A와 D, 목격 학생들의 진술을 종합하여
보면, 원고 A가 D에게 머리를 세게 박아 박치기를 한
시점은 D가 원고 A에 대한 '헤드락'을 풀어주어 원고
A가 그로부터 벗어난 이후이다. 원고 A는 D가 '헤드
락'을 풀어준 이후에도 다시 원고 A의 팔을 세게 잡자
이를 벗어나기 위해 어쩔 수 없이 박치기를 했다고 주
장하나, 단순히 팔을 세게 잡힌 것만으로는 숨을 쉬기
어렵다는 등의 신체적 위해가 가해지는 상황이었다고
볼 수 없고, 원고 A가 D의 얼굴을 머리로 세게 들이
받은 행위가 D의 행위로 인한 위해를 막기 위한 상당
한 수단에 해당한다고 보기도 어렵다. 오히려 원고 A
는 D의 '헤드락' 전후로 자신이 화가 나 있고 상당히
흥분한 상태에 있었다고 인정한 바 있고, D에게 2회에

걸쳐 박치기를 하였다고 진술하기도 하였다. D와 목격
학생들도 원고 A가 흥분해 있었다고 하면서 D와 서로
주먹질을 하며 몸싸움을 하였다고 진술하였다. D와 목
격 학생들도 원고 A가 흥분해 있었다고 하면서 D와
서로 주먹질을 하며 몸싸움을 하였다고 진술하였다.
그렇다면 원고 A가 D에게 박치기를 한 행동은 적극적
인 공격 의사로 이루어진 행위에 가깝거나 적어도 방
어행위의 범주를 벗어난 행위라고 봄이 타당하고, 정
당방위 내지 긴급피난에 해당하는 행위라고 볼 수 없
다.

② 원고 A의 박치기 행위로 인하여 D는 이마와
눈 부위가 크게 붓고 멍들어 혈종제거술을 받는 등 3
주 동안의 치료가 필요한 상해를 입었으므로 그 피해
의 정도가 상당히 중하다. 이 사건 자치위원회에서는
이 사건 학교폭력사건을 쌍방 폭행으로 보아 원고 A
와 D를 모두 피해학생이자 가해학생으로 보면서도, 이
러한 사정을 고려하여 D에게는 서면사과 조치를 부과
하고, 원고 A에게는 서면사과 외에도 교내봉사 및 특
별교육이수 조치를 추가로 부과하기로 의결하였고, 피
고도 이에 따라 이 사건 각 처분을 하였다. 학교폭력
예방법 시행령 제19조 제1호에서는 조치별 적용 기준
의 고려사항 중 하나로 '학교폭력의 심각성'을 들고

있는데, 학교폭력 행위 자체의 양태뿐만 아니라 그 행위로 인한 결과 역시 학교폭력의 심각성을 판단하는 중요한 기준이 된다고 할 것이므로 위와 같은 조치가 부당하다고 볼 수 없다. 원고들은 원고 A 역시 이 사건 학교폭력사건으로 인하여 2주 동안의 치료가 필요한 상해를 입었다고 주장하나, 원고들이 들고 있는 상해진단서는 사건 발생 후 1개월이 지난 2019. 10. 5. 작성된 것이고 그 내용도 사건 발생일부터 2주 정도의 치료기간이 필요했을 것으로 추정된다는 것이어서, 얼굴 부위에 정도의 출혈성 좌상 흔적이 아직 관찰되고 있다는 기재만으로는 원고 A가 D에 비하여 비교적 경미한 피해를 입었음을 부정하기 어렵다.

③ 학교폭력예방법 시행령 제19조, 세부기준 고시 제2조 제1항에 따르면 피고는 '학교폭력의 심각성·지속성·고의성, 가해학생의 반성 정도, 해당 조치로 인한 가해학생의 선도가능성, 가해학생 및 보호자와 피해학생 및 보호자 간의 화해의 정도' 등을 고려하여 조치의 수준을 결정하여야 한다. 이 사건 학교폭력사건의 경우 학급 내에서 일회적·우발적으로 발생한 사건이라는 점에서 지속성은 인정되지 아니하나, 의도적인 폭행행위에 해당한다는 점에서 고의성을 배제하기 어렵고, 피해 결과의 정도에 비추어 심각성이 낮다고 보기

어렵다. 또한 이 사건 자치위원회 회의 및 원고 B의 재심청구 과정에서 작성된 보고서와 의견서, 회의록 등의 내용에 비추어 보면, 원고들과 D 및 D의 보호자 사이에 이루어진 화해의 정도가 다소 미흡했다고 보인다. 이러한 요소들을 종합해 보면, 피고가 원고 A에 대하여 학교폭력예방법 제17조 제1항 제3호에 따른 학교에서의 봉사 조치를 부과한 것이 원고 A의 행위에 비하여 현저히 균형성을 잃은 수준이라고 보이지 않는다.

④ 원고 A가 학교폭력예방법 제17조 제1항 제3호에 따른 처분을 받은 이상 제 17조 제3항에 따라 특별교육이수도 받아야 하고, 원고 B도 제17조 제9항에 따라 함께 특별교육이수를 받아야 한다. 따라서 피고가 원고들에 대하여 각 특별교육이수 조치를 부과할 것인지 여부 자체에 대하여 재량권을 가진다고 볼 수는 없으며, 피고가 원고들에 대하여 특별교육이수를 부과하고 그 이수시간을 각 2시간으로 정한 것이 과중하다고 보기도 어렵다.

⑤ 피해학생의 보호, 가해학생의 선도·교육 및 피해학생과 가해학생간의 분쟁 조정을 통하여 학생의 인권을 보호하고 학생을 건전한 사회구성원으로 육성하

려는 학교폭력예방법의 입법 취지와 이를 위하여 자치위원회를 별도로 마련한 학교폭력예방법의 규정 내용 등을 고려할 때, 교육전문가인 학교의 장이 자치위원회의 요청에 따라 조치한 결과는 가능한 존중될 필요가 있다.

제2장 민사소송 판례

[민사]대구지방법원 2014나8811

손해배상 및 위자료 청구

[판례 요약]

학교폭력의 피해학생 및 피해학생의 부모들이 가해학생의 부모들을 상대로 손해배상을 구하였는데, 학교폭력 사실 및 그로 인하여 피해학생이 정신과 치료를 받게 되었음을 인정하여 원고들의 주장 중 치료비 상당액 및 위자료 지급 청구는 인용하였으나, 원고들의 주장 중 원고들의 주거지였던 울진군에서 다른지역 까지 치료를 받으러 다니게 되어 발생한 고속도로 통행료, 주유비, 보호자 인건비, 생활비 등에 관한 청구는 그 손해가 발생하였음을 인정할 증거가 없거나, 피고들이 그와 같은 손해가 발생할 것을 알았거나 알 수 있었음을 인정할 증거가 없어 기각한 사례

Ⅰ. 법원의 판결

1. 원고(선정당사자)와 피고들의 항소를 모두 기각한다.
2. 항소비용은 각자 부담한다.

Ⅱ. 청구취지 및 항소취지

1. 청구취지

피고들은 연대하여 원고(선정당사자, 이하 '원고'라고만 한다)에게 8,929,338원, 선정자 ◇◇◇에게 50,000,000원, 선정자 ☆☆☆에게 5,000,000원 및 위 각 돈에 대하여 이사건 소장 부본 송달 다음날부터 갚는 날까지 연 20%의 비율로 계산한 돈을 지급하라.

2. 항소취지

가. 원고 : 제1심 판결 중 원고 및 선정자 ◇◇◇ 패소 부분을 각 취소한다. 피고들은 연대하여 원고에게 2,261,771원, 선정자 ◇◇◇에게 5,000,000원 및 위 각 돈에 대하여 2013. 7. 6.부터 이 사건 제1심 판결 선고일까지는 연 5%, 그 다음날부터 갚는날까지는 연 20%의 각 비율로 계산한 돈을 지급하라.

나. 피고 : 제1심 판결 중 피고들 패소 부분을 취소하고, 그 취소 부분에 해당하는 원고의 청구를 기각한다.

Ⅲ. 판결이유

1. 기초사실

다음의 사실은 당사자 사이에 다툼이 없거나, 갑 제1 내지 3, 6, 7, 10호증, 을 제1호증의 각 기재, 제1심 증인의 일부 증언, 제1심 법원의 경상북도교육청 감사담당관실, 경상북도 학교폭력 대책 지역위원회, 경상북도 ○○교육지원청, ○○병원장에 대한 각 사실조회결과에 변론 전체의 취지를 종합하여 인정할 수 있다.

가. 당사자들의 관계

1) 원고와 ☆☆☆은 선정자 ◇◇◇의 부모이고, 피고들은 ▽▽▽의 부모이다.

2) 선정자 ◇◇◇과 ▽▽▽은 초등학교 1학년부터 3학년까지 경상북도에 있는××초등학교를 다녔는데 2학년과 3학년 때는 같은 반 학생으로 지냈으며, 선정자 ◇◇◇은 2013. 3. 18.경 다른 광역지방자치단체에 있는 초등학교로 전학하였다.

나. ▽▽▽의 선정자 ◇◇◇에 대한 학교폭력

1) ▽▽▽은 2011년경부터 2012. 6.경까지 선정자 ◇◇◇의 머리와 배 등을 주먹과 손바닥으로 때리거나 선정자 ◇◇◇에게 토끼처럼 깡충깡충 뛰게 시키는 등 선정자◇◇◇을 지속적으로 괴롭혀 왔는데, 2012. 5. 29.에는 선정자 ◇◇◇에게 '너는 이제 햄스터다. 네발 준비'라고 말하면서 교실 바닥을 기어가도록 시켰고 선정자 ◇◇◇이이를 거절하자 ▽▽▽은 주먹으로 선정자

◇◇◇의 배를 때리면서 재차 교실 바닥을기어가도록 시키기도
하였다(이하 '이 사건 학교폭력'이라고 한다).

2) ☆☆☆은 2012. 6. 27.경 선정자 ◇◇◇의 담임선생님에게
이 사건 학교폭력사실을 알렸고, 원고는 2012. 7. 2.경 울진경찰
서에 이 사건 학교폭력을 신고하였다.

3) ××초등학교는 학교폭력대책 자치위원회를 개최하여 이 사건
학교폭력에 대하여 심의를 하였고, 학교폭력자치위원회는 2012.
9. 7. 이 사건 학교폭력과 관련하여 '학교폭력예방 및 대책에 관
한 법률 제17조에서 규정하고 있는 징계를 가할 정도에 이르지
아니하므로 ▽▽▽에 대하여 징계를 하지 않기'로 의결하였다.
이에 원고는 경상북도 학교폭력대책 지역위원회에 위 ××초등학
교 학교폭력대책자치위원회의 의결에 대한 재심을 청구하였고,
경상북도 학교폭력대책 지역위원회는2012. 10. 22. '▽▽▽이 행
사한 폭력과 행동이 인정되지만 ▽▽▽이 초등학생인 점을 감안
하여 ××초등학교 자치위원회 결정에 추가하여 학교폭력예방 및
대책에 관한 법률 제17조 제1항 제1호 소정의 서면사과할 것'을
결정하였다.

다. 선정자 ◇◇◇에 대한 진료경과
1) 선정자 ◇◇◇은 이 사건 학교폭력과 관련하여 별지 2 진료
내역 기재와 같이 2013. 1. 15.부터 2013. 6. 22.까지 ○○병원
에서 외상 후 스트레스장애, 우울병 에피소드의 병명으로 진료를

받았다.

2) 선정자 ◇◇◇은 2013. 1. 15. 처음 위 ○○병원의 신경정신과에 진료를 받으러가서 '1년 가까이 친구로부터 괴롭힘을 당하였고, 학교에서는 계속 기분이 안 좋다'는취지로 담당자에게 진술하였고, 정신보건 임상심리사는 선정자 ◇◇◇에 대하여 '비교적 상황에 적합하게 판단/대처하거나 심사숙고하여 의사결정/행동하여 온 것으로 보이는데 현재는 정서감에 압도되어 충동적으로 행동하기 쉬운 상태임. 이는 최근 발생된 학교 내 또래 관계 문제와 연관되어 있는 것으로 생각되는데, 일상적인 장면이나 사소한 자극에 영향을 받아 당시 상황을 재경험하고 있는바, 스트레스가 큰 것으로 보임.

가정 및 학교에서 선정자 ◇◇◇은 보다 긍정적으로 수용하고 지지/공감하면서 안정적인 환경을 제공하여야 할 것으로 보임.'이라고 판단하였다.

2. 손해배상책임의 발생

가. 위 인정사실에 의하면, ▽▽▽은 같은 반 학생인 선정자 ◇◇◇을 상당한 기간 동안 지속적으로 괴롭혔는바, 피고들은 ▽▽▽의 부모이자 친권자들로서 책임능력 없는 미성년자인 ▽▽▽을 감독할 법정의무가 있으므로 민법 제755조, 제753조에 따라 이 사건 학교폭력으로 인하여 선정자 ◇◇◇ 및 선정자 ◇◇◇의 부모인 원고, ☆☆☆이 입은 손해를 배상할 책임이 있다.

나. 피고들의 주장에 대한 판단

1) 이 사건 학교폭력의 부존재 주장

피고들은, ▽▽▽이 선정자 ◇◇◇을 1년 정도의 기간 동안 지속적으로 괴롭힌 사실이 없고 2012. 5. 29. 선정자 ◇◇◇에게 햄스터처럼 기어보라고 말한 것도 초등학교 저학년 학생들이 동물흉내를 내면서 장난친 것에 불과하다는 취지로 주장한다.

살피건대, 갑 제1, 2, 8호증, 을 제1호증의 각 기재, 제1심 증인의 일부 증언, 제1심 법원의 경상북도교육청 감사담당관실에 대한 사실조회결과에 변론 전체의 취지를 종합하여 인정할 수 있는 다음과 같은 사실 및 사정들, 즉,

① 이 사건 학교폭력 직후▽▽▽이 '나와 누구였나 모르겠지만 ◇◇◇에게 기어라고 시켰다. 그 때 ◇◇◇ 표정은 활기찬 표정이었지만 속마음은 좀 우울한 것 같았다. 그래서 내 기분도 웃고는 있었지만 조금 미안했다. 그래서 그만하려고 했는데 몇 몇 아이들이 또 해보라며 또 시키고 또 크게 웃었다.'는 취지의 진술서를 작성하기도 점,

② 선정자 ◇◇◇이 '2011년 2학년 개학 후 같은 반 ▽▽▽에게 토요일, 일요일, 방학기간을 빼고 하루도 빠짐없이 머리와 어깨와 배를 주먹과 손바닥으로 세게 맞았다. 친구들이 보고 있는 앞에서 ▽▽▽이 너는 이제 햄스터니까 네발 준비하고 교실바닥

을 강제로 기게 하였다. 기지 않는다고 하여 친구들이 보는 앞에
서 주먹으로 배를 때렸다. 이날부터 계속 교실바닥을 기고 기지
않으면 때리면서 지냈다.'는 취지의 진술서를 작성하기도 한 점,

③ ××초등학교 같은 반 학생들이 작성한 진술서에는 '▽▽▽
가 ◇◇◇에게 토끼처럼 깡충깡충 뛰어보라고 해서 ◇◇◇가 ▽
▽▽ 말대로 토끼처럼 깡충깡충 뛰었다. ◇◇◇는 아무말도하지
않았다. ▽▽▽가 또 ◇◇◇에게 앞구르기를 하라고 해서 ◇◇◇
는 앞구르기를하였다. 며칠 지나서 ▽▽▽는 ◇◇◇에게 서커스
를 해보라고 했다. ◇◇◇는 아무말도하지 않고 계속 했다.', '◇
◇◇는 ▽▽▽가 시키는 대로 무조건 다 했다. ▽▽▽가 이리로
오라고 해서 ◇◇◇가 깡충깡충 가서 친구들이 웃었다.', '▽▽▽
가 ◇◇◇보고 다른 친구를 공격해라고 해서 공격을 했다. ◇◇
◇가 웃다가 무표정이 되었다.', '▽▽▽가 어느날부터 ◇◇◇에
게 서커스를 시키면서 햄스터라고 불렀다. ◇◇◇는 하기 싫어하
는 것 같았지만 즐거운 표정이었다. 한 3~4번 쉬는 시간마다 하
는 것 같았다.'는 내용이 기재되어 있기도 한 점,

④ 경상북도 학교폭력대책 지역위원회는 ▽▽▽이 이 사건 학
교폭력행위를 한 것을 인정하고 서면경고를 결정한 점 등에 비추
어 보면, ▽▽▽이 초등학생으로서의 단순한 장난의 수준을 넘어
선정자 ◇◇◇을 상당한 기간 동안 지속적으로 괴롭혀 왔다고 봄
이 상당하다. 따라서, 피고들의 이 부분 주장은 이유 없다.

2) 이 사건 학교폭력과 선정자 ◇◇◇의 정신질환 사이의 인과관계 부존재 주장피고들은, 선정자 ◇◇◇의 정신질환에 대한 진단일이 2013. 1. 15.이고 이 사건 학교폭력은 2012. 6.경에 종료된 것이어서 시간적으로 상당한 격차가 있으며, 외상후 스트레스 장애나 우울증의 발병 원인은 매우 다양하여 이 사건 학교폭력과 선정자 ◇◇◇의 정신질환 사이에 인과관계가 없다는 취지로 주장한다.

살피건대, 앞서 인정한 사실들에 비추어 알 수 있는 다음과 같은 사정들, 즉, ① 선정자 ◇◇◇은 ▽▽▽으로부터 1년 정도의 기간 동안 괴롭힘을 당해 오면서 상당한 스트레스를 받았을 것으로 보이는 점,

② 이 사건 학교폭력이 최종적으로 중단된 것은원고 측에서 ××초등학교에 문제를 제기한 2012. 6. 말경인 것으로 보이고 선정자 ◇◇◇에 대한 진료는 2013. 1. 15.부터 시작되어 약 6개월 정도의 시차를 두고 있기는하지만, 그 6개월 사이에 선정자 ◇◇◇이 상당한 스트레스를 받을 만한 일을 경험하였다고 볼 만한 별다른 사정은 없는 것으로 보이는 점,

③ 선정자 ◇◇◇에 대한 심리학적 평가보고서상으로도 선정자 ◇◇◇의 상태가 이 사건 학교폭력과 관련이 있는 것으로 보인다

고 기재되어 있는 점에 비추어 보면, 이 사건 학교폭력과 선정자 ◇◇◇의정신질환 사이에 인과관계 또한 있다고 봄이 상당하다. 따라서 피고들의 이 부분 주장도 이유 없다.

3. 손해배상책임의 범위

가. 원고의 주장

피고들은 이 사건 학교폭력으로 인하여 생긴 손해인 ① 병원진료비 1,624,600원, ② 병원진료를 위한 경비 2,304,738원{경북 ○○군에서 다른 지역 소재 ○○병원까지 왕복하는데 소비된 유류비 692,397원 및 고속도로 통행료 107,600원 등}, ③ 병원에 동행한 보호자의 인건비 1,465,974원(보통인부 1일 노임 81,443원 × 병원 방문 18회), ④ 선정자 ◇◇◇의 전학으로 인하여 소요된 생활비, 양육비, 주거비 등 5,000,000원, ⑤ 선정자 ◇◇◇의 정신적 고통에 대한 위자료 50,000,000원, 원고 및 ☆☆☆의 정신적 고통에 대한 위자료 각 5,000,000원을 배상해야 한다.

나. 판단

1) 병원진료비

갑 제4호증의 기재에 변론 전체의 취지를 종합하면, 이 사건 학교폭력으로 인한 선정자 ◇◇◇의 정신질환의 치료를 위하여 원고가 별지 2 진료내역 기재와 같이 합계 1,642,600원의 진료비를 지출한 사실을 인정할 수 있는바, 피고들은 위 1,642,600원을 배상할 의무가 있다.

2) 유류비 및 고속도로 통행료

살피건대, 갑 제5호증의 기재에 변론 전체의 취지를 종합하면, 선정자 ◇◇◇이 별지 2 진료내역 기재와 같이 ○○병원에서 진료를 받은 날 무렵에 원고가 별지 3 고속도로통행료 지출내역 및 별지 4 주유내역 기재와 같이 고속도로통행료와 주유대금을 지출한 사실은 인정된다.

그러나, 선정자 ◇◇◇이 다니던 학교가 경북 ○○군에 있었던 사실, 이 사건 학교폭력으로 인한 정신질환의 진료가 학교폭력이 종료된 후로부터 약 6개월 이상 경과한 후 시작된 사실, 선정자 ◇◇◇은 병원 진료가 시작된 후 2013. 3. 18.경 다른 지역으로 전학 간 사실은 앞서 본 바와 같은바, 위와 같은 사실들에 비추어 보면, 원고가 지출한 위 비용들이 모두 이 사건 학교폭력으로 인하여 지출하게 된 비용이라고 보기 어려울뿐만 아니라, 설령 이 사건 학교폭력으로 인하여 지출하게 된 비용이라 하더라도 이는 선정자 ◇◇◇이 반드시 다른 지역에 있는 병원에 통원을 하며 진료를 받아야 한다거나 미성년자인 선정자 ◇◇◇이 부모와 떨어지게 되어 진료를 위하여 원고가 선정자 ◇◇◇이 있는 곳까지 먼 거리를 왕복하여야 한다는 등의 특별한 사정으로 인한 손해로서 피고들이 그와 같은 사정을 알았거나 알 수 있었을 경우에 한하여 그 손해배상책임이 인정될 수 있다고 할 것인데, 피고들이 그와 같은 사정을 알았거나 알 수 있었다고 인정할 아무런 증거가 없다. 따라서 원고의 이 부분 주장은 이유 없다.

　3) 보호자 인건비에 대한 판단

　선정자 ◇◇◇이 별지 2 진료내역 기재와 같이 총 18회에 걸쳐 ○○병원에 방문한 사실은 앞서 본 바와 같다.

　그러나, 위 2)항에서 본 바와 같이 원고가 대구를 방문한 것이 선정자 ◇◇◇의진료만을 목적으로 하였던 것으로 보기에 부족할 뿐만 아니라, 선정자 ◇◇◇의 병원진료에 소요된 시간이 보통인부의 1일 근로시간(8시간)에 상응한다거나 원고나 ☆☆☆이 선정자 ◇◇◇을 병원에 데리고 감으로 인하여 실질적으로 입은 손해에 관한 아무런 증거가 없으며, 설령 그와 같은 손해가 인정된다 하더라도 이는 위 2)항에서 본 바와 같이 특별한 사정으로 인한 손해인데, 피고들이 그와 같은 사정을 알았거나 알 수있었다고 인정할 아무런 증거가 없다. 따라서, 원고의 이 부분 주장 또한 이유 없다

　4) 전학으로 인한 생활비 등

살피건대, 선정자 ◇◇◇의 전학으로 인하여 부모와 함께 살 때보다 500만 원의 비용이 추가로 소요되었음을 인정할 아무런 증거가 없을 뿐만 아니라, 위와 같은 손해 역시 특별한 사정으로 인한 손해라고 할 것인데, 피고들이 그와 같은 사정을 알았거나 알 수 있었다고 인정할 아무런 증거가 없다. 따라서, 원고의 이 부분 주장 역시 이유 없다.

5) 위자료

선정자 ◇◇◇은 이 사건 학교폭력의 피해자로서 원고 및 ☆☆☆
은 선정자 ◇◇◇의 부모로써 이 사건 학교폭력으로 인하여 정신
적 고통을 받았을 것임이 경험칙상 명백한바, 피고들은 원고 및
선정자 ◇◇◇, ☆☆☆에게 위자료를 지급할 의무가 있다.

나아가 피고들이 지급해야 할 위자료의 액수에 관하여 보건대,
선정자 ◇◇◇과 ▽▽▽의 연령, 관계, 이 사건 학교폭력의 정도
및 기간, 선정자 ◇◇◇의 정신질환 및 진료정도, 이 사건 학교
폭력 전후의 정황 등 모든 사정들을 고려하여, 선정자 ◇◇◇에
대한 위자료를 7,000,000원, 원고 및 ☆☆☆에 대한 위자료를 각
2,000,000원으로 정하기로 한다.

다. 소결론

따라서 피고들은 부진정 연대하여 원고에게 진료비 및 위자료
합계 3,642,600원(1,642,600원 + 2,000,000원), 선정자 ◇◇◇에
게 위자료 7,000,000원, ☆☆☆에게 위자료 2,000,000원 및 이
에 대하여 이 사건 학교폭력이 있은 날 이후로서 원고가 구하는
이 사건 소장 부본이 피고들에게 송달된 다음날임이 기록상 명백
한 2013. 7. 6.부터 피고들이 그 이행의무의 존부나 범위에 관하
여 항쟁함이 상당하다고 인정되는 제1심 판결 선고일인 2014.
5. 13.까지는 민법이 정한 연 5%의, 그 다음날부터 갚는 날까지
는 소송촉진 등에 관한 특례법이 정한 연 20%의 각 비율에 의
한 지연손해금을 지급할 의무가 있다.

4. 결론

그렇다면, 원고의 이 사건 청구는 위 인정범위 내에서 이유 있어 이를 각 인용하고, 나머지 청구는 이유 없어 이를 각 기각할 것인바, 제1심 판결은 이와 결론을 같이하여 정당하므로, 원고 및 피고들의 항소를 모두 기각하기로 하여 주문과 같이 판결한다.

[민사]인천지방법원 2015가합59074 손해배상

I.법원의 결정

1. 피고들은 공동하여, 원고 C에게 19,918,590원, 원고 E에게 3,000,000원 및 위 각 금원에 대하여 2011. 9. 16.부터 2016. 8. 12.까지 연 5%, 그 다음날부터 다 갚는 날까지 연 15%의 각 비율로 계산한 돈을 지급하라.

2. 원고들의 피고들에 대한 나머지 청구를 각 기각한다.

3. 소송비용 중 70%는 원고들이, 나머지는 피고들이 각 부담한다.

4. 제1항은 가집행할 수 있다.

II. 원고의 주장

피고들은 각자, 원고 C에게 93,335,296원, 원고 E에게 5,000,000원 및 이에 대한 2011. 9. 16.부터 2016. 6. 9.자 청구취지 및 원인변경신청서 송달일까지는 연 5%, 그 다음날부터 완제일까지는 연 15%의 비율에 의한 금원을 지급하라.

Ⅲ. 판결 이유

1. 인정사실

가. 원고 C는 2011년 전주시 소재 U 중학교 2학년 6반에 재학 중이었고, 피고 H, O은 원고 C와 같은 반에, 피고 K, R은 같은 중학교 2학년 5반에 재학 중이었다.

나. 피고 O, R은 2011. 9. 9. 및 2011. 9. 15.경 피고 H으로 하여금 원고 C에게 시비를 걸어 싸움을 하도록 시켰고, 피고 H은 2011. 9. 9. 10:30경, 11:25경, 12:20경 및 2011. 9. 15. 10:30경, 11:25경 2학년 6반 교실에서 주먹 및 손바닥으로 원고 C의 뺨과 머리, 코 부위를 수십 회 가격하고, 원고 C를 넘어뜨려 머리와 어깨를 의자에 부딪치게 하는 등의 방식으로 폭행하였다.

다. 피고 O, R은 2011. 9. 15. 및 2011. 9. 16. 피고 K으로 하여금 원고 C에게 시비를 걸어 싸움을 하도록 시켰고, 피고 K은 2011. 9. 15. 12:25경 및 2011. 9. 16. 09:35경 주먹 및 손바닥으로 원고 C의 머리 및 얼굴 부위를 수십 회 가격하고, 원고 C의 머리를 대리석으로 된 창틀에 부딪치게 하는 방식으로 폭행하였다.

라. 원고 C는 위 나.항 및 다.항 기재 폭행(이하 '이 사건 폭행'이라 한다)으로 인하여 뇌진탕, 다발성 안면부타박상 등 상해를 입고 2011. 9. 16.부터 2011. 10. 8.까지 V신경외과의원에서 입

원치료를 받았고, 2011. 10. 14. W신경정신과에서, 2012. 2. 2. X정신과의원에서 각 외상 후 스트레스 장애 진단을 받았다.

마. 원고 C, E는 G, A의 자녀인데 부모가 2002. 8. 14. 협의이 혼한 후 어머니에 의하여 양육되었다. A은 이 사건 소가 제기된 후인 2013. 10. 20. 사망하였다.

피고 I, J는 피고 H의 부모, 피고 L, M은 피고 K의 부모, 피 고 P, Q는 피고 O의 부모, 피고 S, T은 피고 R의 부모이다.

[인정근거] 다툼 없는 사실, 갑 제1 내지 8, 11, 12, 19, 20, 21호증(가지번호 있는증거들은 가지번호 포함, 이하 같다), 을 가 제3호증의 각 기재, 변론 전체의 취지

2. 판단

가. 손해배상책임의 발생

1) 손해배상책임의 근거

인정사실에 의하면, 피고 O, R의 교사로 피고 H, K이 원고 C 를 폭행함으로써 원고 C에게 뇌진탕 등의 상해를 가하고, 외상 후 스트레스 장애를 초래하였다고 할 것인바, 피고 O, R, H, K (이하 '피고 학생들'이라 한다)은 이 사건 폭행의 가해자로서 원 고들이 입은 손해를 배상할 책임이 있다.

또한 미성년자가 책임능력이 있어 그 스스로 불법행위책임을 지는 경우에도 그 손해가 당해 미성년자 감독의무자의 의무위반과 상당인과관계가 있으면 감독의무자는 일반불법행위자로서 손해배상책임이 있는바(대법원 1994. 8. 23. 선고 93다60588 판결등 참조),

피고 I, J는 피고 H의, 피고 L, M은 피고 K의, 피고 P, Q는 피고 O의, 피고 S, T은 피고 R의 각 부모로서, 이 사건 폭행 당시 13세의 중학생들인 피고 학생들은 각 그 부모와 주거를 같이하고, 경제적인 면에서 전적으로 부모에게 의존하면서 부모

의 보호·감독을 받고 있었고, 피고 학생들의 부모인 나머지 피고들로서는 자녀가 학교생활을 하면서 다른 학생을 때리거나 괴롭히는 등의 행위를 하지 않도록 올바른 교육을 하고, 보호·감독하여야 할 의무가 있음에도 불구하고 이를 게을리 한 잘못이 있고, 위와 같은 나머지 피고들의 의무 위반과 원고 C가 입게 된 상해 및 장애와는 상당인과관계가 인정된다고 할 것이다.

따라서 피고들은 공동하여 피고 학생들이 원고 C에게 불법행위를 함으로써 원고 C, 원고 C의 모 A이 입은 손해를 배상할 책임이 있다.

2) 책임의 제한

다만, 갑 제2, 12호증 및 을가 제4호증의 각 기재 및 변론 전체의 취지를 종합하여 보면, 이 사건 폭행 과정에서 원고 C가

피고 H, K을 폭행하기도 하고 이에 따라 피고 K이 우측 제3중수지 골절, 요추부 타박상을 입게 된 사실, 원고 C는 초등학생 때부터 또래 친구들과 활발하게 어울리지 못하고 소수의 친구들과 어울려 왔던 사실 등을 인정할 수 있으므로 위와 같은 사정 및 폭행의 경위, 정신적인 고통 관련 치료 내용 등을 고려하여 피고들의 손해배상책임을 70%로 제한한다.

나. 손해배상의 범위

1) 기왕치료비

원고들은 피고들이 기왕치료비로 11,793,858원을 지급할 의무가 있다고 주장하나, 아래 표 기재와 같이 11,739,258원의 기왕치료비만을 인정할 수 있다. 원고는 [아래 표]에 기재된 금액 이외에 54,600원을 추가로 청구하고 있으나 이는 Y정신건강의학과에서 2012. 1. 26. 진료받은 것과 관련한 갑 제10호증의 일부 진료비계산서(54,000원)에 근거한 것으로 보이는데 이 부분 진료비는 갑 제26호증의 2의 기재에 의하여 알 수 있듯이 중복된 것이다.

번호	치료기관	치료비	증거
1	V신경외과	885,348원	갑 10
2	W공감놀이센터	120,000원	갑 10
3	Z내과	50,000원	갑 10
4	AA센터	1,159,000원	갑 10
5	W신경정신과	1,588,590원	갑 10
총 13곳에서 치료 및 상담 -이하 생략-			
합계	11,739,258원		

2) 향후치료비

원고 C는 현재 대인기피증이 너무 심하여 정신과 치료도 받지 못하고 미술치료만을 받고 있는데, 1주일에 1회 45,000원을 지불하고 있어 2016년 6월부터 향후 3년간 미술치료비 6,025,986원(월 180,000원×36개월 호프만수치 33.4777)의 손해를 입게 되었다고 주장한다.

그러나 이 사건 폭행의 경위 및 정도에 비추어 볼 때, 폭행이 있었던 날로부터 5년가량이 경과한 현재 상태에서 원고들이 제출한 갑 제12호 증1), 갑 제26호 증의 1의 각 기재만으로는 향후 미술치료가 원고 C에게 필요하다고 인정하기 부족하고 치료가 필요한 기간도 특정할 수 없어 원고 C의 향후치료비 주장은 받아들이지 아니한다.

3) 개호비

원고 C는 병원에 다니거나 미술치료 등을 받으러 다닐 때 혼자 갈 수 없어 보호자가 동행하여야 하여, 보호자인 아버지 G이 개호를 위하여 보통인부 노임 137일 상당 12,029,285원(보통인부 노임 87,805원×137일)의 지출을 한 것이고

향후에도 3년간 미술치료를 위하여 동행하여야 하므로 장래 개호비 11,758,037원(보통인부 노임 87,805원×월 4회× 호프만 수치 33.4777) 상당이 손해배상의 범위에 포함되어야 한다고 주장한다.

그러나 이 법원의 인하대학교 부속병원장에 대한 신체감정촉탁 결과 정신건강 의학적으로 개호는 불필요하다는 소견이 제시되었고 원고 C가 현재 만 18세에 이르는 점, 원고 C의 주장에 의하더라도 주 1회 토요일에 미술치료를 받고 있고 앞으로도 받아야 한다는 것인 점, 미술치료는 1회기당 진행 시간이 50분(갑 제25호증의 1)에 불과한 점 등을 고려하여 볼 때, 원고 C가 치료를 받음에 있어서 보호자의 개호가 반드시 필요하다거나 보호자의 일당을 개호비로서 지급하여야 한다고 인정할 수 없다.

4) 책임의 제한

기왕치료비 11,739,258원 × 70% = 8,217,480원(원 미만 버림, 이하 같다)

5) 공제회 대납 치료비 공제

2013. 8. 21.자로 작성된 후유 장해진단서이다.

원고 C가 2012. 11. 8. 전라북도학교안전공제회로부터 치료비로 3,298,890원을 지급받은 사실은 위 원고가 자인하고 있고 을가 제3호증의 기재에 의하여도 인정할 수 있으므로 위 금액을 공제하면 피고들이 원고 C에게 지급해야 하는 기왕치료비는 4,918,590원(=8,217,480원-3,298,890원)이다.

6) 위자료

원고들은 원고 C의 위자료로 50,000,000원, 망 A의 위자료로 10,000,000원의 지급을 구하고 있으나, 이 사건 폭행의 경위 및 정도, 이 사건 폭행 당시 원고 C 및 피고학생들의 연령, 이 사건 폭행 이후 원고 C와 그 어머니 A이 가 받았을 정신적 충격과 원고 C의 객관적인 상태 및 정황, 원고 C가 이 사건 폭행 이후 치료를 받으러 다니는 과정에서 소요된 교통비 등을 별도로 구하지 않고 있는 점(개호비 청구를 기각하는 점), 기타 이 사건 변론에 나타난 여러 사정을 참작하여 원고 C의 위자료를 12,000,000원, 망 B의 위자료를 6,000,000원으로 정한다.

7) 상속관계

원고들은 망 A의 자녀로서 망 A의 위자료 6,000,000원을 1/2 지분씩(3,000,000원씩) 상속하였다.

8) 소결론

피고들은 공동하여, 원고 C에게 19,918,590원(= 기왕치료비 4,918,590원 + 원고 C위자료 12,000,000원 + 상속받은 위자료 3,000,000원), 원고 E에게 3,000,000원 및 위 각 금원에 대하여 최종 불법행위일인 2011. 9. 16.부터 피고들이 각 이행의무의 존부 및 범위에 관하여 항쟁함이 상당한 이 사건 판결 선고일인 2016. 8. 12.까지는 민법이 정한 연 5%의, 그 다음날부터 다 갚는 날까지 소송촉진 등에 관한 특례법이 정한 연15%의 각 비율로 계산한 지연손해금을 지급할 의무가 있다.

3. 결 론

원고의 피고들에 대한 청구는 위 각 인정범위 내에서 이유 있으므로 이를 인용하고 나머지 청구는 이유 없으므로 이를 각 기각하기로 하여 주문과 같이 판결한다.

[민사] 인천지방법원 2015가단8246 손해배상

Ⅰ. 법원의 결정(주문)

1. 피고들은 공동하여 원고 이○○에게 5,000,000원, 원고 이◎◎, 김◎◎에게 각 2,000,000원 및 위 각 금원에 대하여 2014. 7. 15.부터 2016. 6. 9.까지는 연 5%, 그 다음날부터 다 갚는 날까지는 연 15%의 각 비율에 의한 금원을 지급하라.

2. 원고들의 피고들에 대한 나머지 청구를 기각한다.

3. 소송비용 중 10분의 1은 원고들이, 나머지는 피고들이 각각 부담한다.

4. 제1항은 가집행할 수 있다.

Ⅱ. 원고의 주장(청구취지)

피고들은 각자 원고 이○○에게 10,000,000원, 원고 이◎◎, 김◎◎에게 각 5,000,000원 및 위 각 금원에 대하여 2014. 7. 15.부터 이 사건 청구취지변경신청서 부본 송달일까지는 연 5%, 그 다음날부터 다 갚는 날까지는 연 15%의 각 비율에 의한 금원을 지급하라.

Ⅲ. 판결이유

갑 제1호증 내지 갑 제9호증의 각 기재(가지번호 포함)에 변론 전체의 취지를 종합하면, 별지 청구원인 기재와 같은 사실을 인정할 수 있다.

위 인정사실에 의하면, 원고들이 정신적 고통을 입었다고 판단할 수 있다. 변론에서 드러난 모든 사정을 종합하여, 위자료의 액수는 원고 이○○ 5,000,000원, 원고 이◎◎와 원고 김◎◎ 각 2,000,000원으로 정한다.

그렇다면 공동불법행위자인 피고들은 공동하여 위자료로서 원고 이○○에게 5,000,000원, 원고 이◎◎와 원고 김◎◎에게 각 2,000,000원 및 위 각 금원에 대한 2014. 7. 15.(불법행위 성립일)부터 이 판결 선고일인 2016. 6. 9.까지는 민법에 정해진 연 5%의 비율, 그 다음날부터 다 갚는 날까지는 소송촉진 등에 관한 특례법에 정해진 연 15%의 비율에 의한 각 지연손해금을 지급할 의무가 있다.
[피고가 이행의무의 존재여부나 범위에 관하여 항쟁한 것이 나름대로 이유가 있다고 인정되므로 이 판결 선고일까지는 위 특

례법을 적용하지 아니한다.]

원고들의 피고들에 대한 청구를 위 인정범위 내에서 받아들이고, 나머지 청구는 받아들이지 아니한다.

Ⅳ. [참고] 원고가 제출한 주장 내용

1. 이 사건 발단의 원인

가. 종전 소장 및 준비서면에서 진술한 바와 같이 이 사건의 발단 원인은 전적으로 피고 이▲▲, 김▲▲, 차▲▲ 등에게 있습니다.

피고 이▲▲은 2014. 7. 15. 수업 시간에 원고 이○○에게 장난을 걸었으며 이 때문에 선생님으로부터 원고 이○○과 함께 벌을 받게 되었습니다. 이▲▲은 자신의 잘못으로 벌을 받은 것임에도 불구하고, 이○○에게 이에 대한 앙심을 품고 점심시간을 이용하여 피고 김▲▲, 차▲▲과 공모하여 자신은 화장실에서 기다리고 김▲▲, 차▲▲이 이○○을 화장실로 끌고 오자 이○○에게 욕설을 하고 폭행한 것입니다. 이○○은 아무것도 모르는 상태에서 화장실로 끌려가 이▲▲으로부터 폭행을 당하여 안경이 깨지고볼이 찢어지는 등 상처를 입은 것입니다.

나. 당시 이▲▲이 오전 수업시간에 장난으로 선생님으로부터

벌을 받은 것으로 잊어버렸거나 김▲▲, 차▲▲도 이▲▲이 이
○○에게 보복을 할 생각으로 이○○을 화장실로 끌고 오라고
했을 때 말리거나 따르지 않거나 선생님에게 미리 알려주었다면
이 사건과 같은 폭행 건은 발생하지 않았을 것입니다. 즉 이 사
건 발생 원인은 전적으로 피고들에게 있는 것입니다.

2. 사건 발생 후 피고들의 태도

가. 학교 측에서는 사실관계를 제대로 파악하지 않은 채 원고
이○○도 피고들과 동일하게 "학교에서 봉사 2일과 보호자 동반
특별교육 5시간"의 징계처분을 하였고, 원고는 이에 불복하여
행정심판 재결을 하였습니다. 행정심판 재결에서 "이 사건의 1
차 과학시간에 이▲▲이 이○○의 폭력을 유발한 사실, 2차 화
장실 사건에서도 차▲▲, 김▲▲이 이○○을 먼저 데리고 가서
이▲▲이 이○○에게 먼저 폭력을 가한 사실, 이○○이 이▲▲
의 폭력에 의하여 중한 상해를 입은 사실"을 고려하여 이○○에
대한 징계가 감경되었습니다(갑 제7호증 인천광역시교육청행정
심판위원회 재결).

원고는 위 재결에 대하여 불복하여 행정소송(인천지방법원
2014구합2939호)을 제기하였다가 폭행 사건이 계속 거론되고
이로 인하여 이○○이 학교 측으로부터 불이익을 받을지 모른다
는 걱정때문에 소를 취하하였습니다.

나. 이에 대하여 피고는 이○○도 이▲▲ 등과 같은 정도의 징계를 받았고 이에 대하여 불복했는데 기각되었다고 주장하나 사실이 아닙니다. 이○○의 징계는 감경되었으나 피고들의 징계는 감경되지 않았습니다(갑 제8호증 행정심판 청구 사건 재결서 송달).

그런데 이 과정에서 피고들은 자신들의 잘못이 중함에도 불구하고, 원고 이○○의 학교 측 징계 처분이 가벼우니 중한 징계로 변경해 달라는 청구를 하기도 했습니다.

3. 조정과정에서 피고들의 태도

또한 2016. 1. 13. 법원 조정 과정에서 원고들은 피고들의 진심 어린 사과를 바랬던 것이었는데 피고 학생들의 부모는 원고들에게 "왜 소송을 제기했느냐, 애를 가지고 돈장사를 하려고 하느냐"는 등의 모욕적인 언행을 하고 원고 이○○이 이 사건으로 인해 학교생활을 제대로 적응할 수 없어 부득이 다른 지역으로 전학을 간 것인데 피고들은 이에 대하여 마치 이○○이 학교에서 말썽을 피워 강제적으로 전학을 간 것이라는 등의 사실과 다른 말을 하면서 원고들을 모욕했습니다.

원고들은 조정 과정에서 이처럼 피고들로부터 모욕적인 말을 듣게 되어 조정이 성립되지 않은 것입니다.

4. 원고들의 정신적인 고통

원고 이○○은 폭행 사건 후 충격으로 정신과 치료를 받았으나 학교생활을 제대로 적응하지 못하여 결국 서울로 전학을 가게 되었고, 이○○의 모인 원고 김◎◎도 심한 스트레스로 정신과 치료를 받았으나 쉽게 잊히지 않았습니다. 그런데 소송 과정에서 피고들의 모욕적인 언행으로 원고들은 이 사건이 발생했을 때보다 더 많은 마음의 상처를 받게 되었습니다. 끝.

[민사] 울산지방법원2020가소207010 손해배상(기)

[판례 요약]

(요약) 미성년자 학생간 상호간의 폭행(쌍방폭행)이 있었고 손해배상을 청구하는 학생은 학교폭력으로 피해를 당하기 전, 본인 또한 상대학생의 책에 침을 뱉거나 물을 뿌리는 등의 폭행의 원인행위 및 상대 학생을 폭행한 사실이 있으므로 학생의 보호자인 양 부모는 절반씩 책임이 있다고 판결한 사례

I. 법원의 판결

 1. 피고들은 공동하여 원고 강원고에게 금 1,555,458원, 원고 강원부에게 금 1,055,458원, 원고 황원모에게 금 1,351,828원 및 각 이에 대한 2020. 3. 28.부터 2020. 12. 23.까지 연 5%, 그 다음날부터 다 갚는 날까지 연 12%의 각 비율에 의한 금원을 지급하라.

 2. 원고들의 피고들에 대한 나머지 청구를 모두 기각한다.

 3. 소송비용은 이를 2분하여 그 1은 원고들이, 나머지는 피고들이 각 부담한다.

 4. 제1항은 가집행 할 수 있다.

Ⅱ. 판결이유

1. 손해배상책임 및 제한

가. 증거에 의하면 피고 김피고는 2019. 8. 20. 14:00경 울주군 소재 ○○중학교 2학년 2반 교실에서 원고 강원고와 시비가 되어 주먹으로 위 원고의 얼굴 부위를 수회 때려 전치 3주의 비골골절 및 치아탈구 등을 가한 사실(이하 "이 사건 사고"라 한다), 원고 강원부, 황원모는 원고 강원고의 부모, 피고 김피부, 송피모는 피고 김피고의 부모인 사실이 인정된다.

사실관계가 이러하다면, 피고 김피고는 위 강원고를 직접 폭행한 잘못이 있고, 나머지 피고들은 그의 감독의무자로서 평소 위 김피고에게 학우와 친하게 지내는 등 건전한 학교생활을 하도록 교육하여야 할 의무가 있음에도 이를 게을리 한 잘못이 있다.

따라서 피고들은 공동불법행위자로서 이 사건 사고로 원고들이 입은 손해를 배상할 책임이 있다.

나. 한편, 증거에 의하면 이 사건 사고 당시 원고 강원고와 피고 김피고는 책이 물에 젖은 것을 두고 서로 시비하다가 위 원고가 위 피고에게 침을 뱉자 위 피고가 위 원고에게 물을 뿌렸고, 위 원고가 다시 이에 대항하여 오른발로 위 피고의 허리부분을

한 대 찼으며, 이에 위 피고가 화가나 위 원고의 얼굴 부위를 가격한 사실이 인정된다. 사정이 이러하다면 위 원고의 위와 같은 행위도 이 사건 사고 발생의 한 원인이 되었다 할 것이므로 피고들의 책임을 50%로 제한한다.

2. 손해배상의 범위

가. 원고들이 구하는 금액

- 원고 강원고 310만원[치료비 1,111,250원(=3,333,750원 / 3) + 위자료 200만원 : 원고들이 구하는 바에 따라 만 원 이하 버림, 이하 이 항에서 같다] - 원고 강원부 360만 원[치료비 1,111,250원(=3,333,750원 / 3) + 일실수입 1,575,000원 + 위자료 100만 원]

- 원고 황원모 330만 원[치료비1,111,250원(=3,333,750원 / 3) + 일실수입 1,235,000원 + 위자료 100만 원]

나. 인정금액

1) 치료비
- 지출자 : 원고들
- 인정금액 : 3,332,750원(= 95,500원 + 178,000원 + 3,059,250원)

2) 일실수익
- 원고 강원고가 7일간 입원하는 동안 원고 황원모가 개호
- 원고 황원모는 일용노동에 종사해 월 31일 중 25일 일하면서

일급 105,000원을 지급받은 사실이 인정된다. 그러므로 위 원고의 개호에 따른 일실수익은 592,741원(= 105,000원 x 7 x 25/31, 원 미만 버림, 이하 같다)이다.

- 원고 황원모는 위 입원 기간 이후에도 한 달가량 일을 쉬었다고 주장하면서 그 일실수익을 구하나, 원고 강원고의 상해 부위나 정도 등을 고려하면 위 인정 범위를 넘어서는 부분은 이 사건 사고와 상당인과관계를 인정하기 어렵다. 나아가 원고 강원부 역시 개호에 따른 일실수익을 주장하나, 원고 강원고의 나이나 상해정도 등을 고려하면 그에 대한 개호는 원고 황원모의 개호로 충분하므로 위 강원부 또한 개호에 참가하였다 하더라도 그 손해는 이 사건 사고와 상당인과관계를 인정할 수 없다. 이에 관한 위 원고들의 주장은 이유 없다.

  3) 책임제한
- 치료비 3,332,750원 x 0.5 = 1,666,375원 : 원고들 각 555,458원(= 1,666,375 / 3)
- 원고 황원모 일실수익 592,741원 x 0.5 = 296,370원

  4) 위자료
- 시비 경위, 상해 정도 등 변론에 나타난 모든 사정 고려
- 원고 강원고 100만 원, 원고 강원부 50만 원, 원고 황원모 50만 원

[민사]부산지방법원 2016가단302294 손해배상(기)
직무이행명령취소

[판례 요약]
학교폭력 진상 조사 과정에서 가해학생들에게 축소나 은폐 진술을 지시한 교사에게 피해 학생에 대한 손해배상책임이 있따는 취지의 판결

Ⅰ. 법원의 결정

1. 피고 F은 원고 A에게 3,000,000원, 원고 B, C에게 각 300,000원 및 이에 대하여 2016. 1. 29.부터 2017. 4. 26.까지 연 5%, 그 다음날부터 다 갚는 날까지 연 15%의 각 비율로 계산한 돈을 지급하라

2. 원고들의 피고 F에 대한 나머지 청구 및 피고 D, E, G에 대한 청구를 각 기각한다.

3. 소송비용 중 원고들과 피고 F 사이에 생긴 부분은 70%는 원고들이, 30%는 피고 F가 부담하고, 원고들과 피고 D, E, G 사이에 생긴 부분은 원고들이 부담한다.

4. 제1항은 가집행할 수 있다.

Ⅱ. 판결이유

1. 사실관계

가. 원고 A는 2015. 4. 20.경 H중학교에서 I중학교로 전학왔는데, 피고 D는 I중학교의 교장, 피고 E은 교감, 피고 F은 생활지도부장, 피고 G은 담임교사이었다. 원고 B, C는 원고 A의 부모이다.

나. 원고 A는 2015. 5.경부터 2015. 6. 26.까지 같은 학교 학생들 10여명으로부터 수회에 걸쳐 폭행, 상해, 강제추행을 당하거나 다른 친구들과 싸우도록 강요를 당하여(이하 '이 사건 사고'라고 한다), 안면부, 입수르 구강부 열상 및 근육 파열 등 3주의 치료를 요하는 상해를 입었고, 6주간의 치료를 요하는 급성 스트레스 장애를 진단받고 학교를 휴학한 상태이다.

다. I중학교에서는 이 사건 사고에 관하여 2015. 7. 8. 1차 및 2015. 7. 16. 2차 학교폭력대책자치위원회를 열어 가해학생들에게 서면 사과, 특별교육이수, 봉사활동 등을 명하는 조치를 취하였다.

라. 원고 A는 가해학생들을 고소하였는데, 그 중 10명은 부산가정법원의 소년보호사건으로 심리받던 중 원고들과 합의를 하였고 2016. 2. 26. 보호처분결정을 받았다.

2. 원고의 주장

원고 A가 가해학생들의 폭행 등에 대하여 I중학교 교사들에게 수차례 도움을 요청하였으므로 피고들은 원고가 학교 내에서 장기간 폭행 등을 당하고 있다는 사실을 알고 있었음에도 불구하고 별다른 조치 없이 이를 방치함으로써 원고 A로 하여금 계속적으로 이 사건 사고로 인한 피해를 당하도록 하였다.

또한 피고들은 학교 교사로서 학교폭력이 발생한 경우 사실관계를 정확하게 파악하고 적절한 조치를 취하여야 할 의무가 있음에도 불구하고, 피고 E, F은 피고 D와 공모하여 가해학생들과 학부모들에게 가해사실을 사실대로 말하지 말고 축소하거나 약하게 말하라고 강요하고, 피해자인 원고 A가 다른 학생들을 괴롭힌 가해행위에 대한 설문조사를 함으로써 이 사건 사고를 축소, 은폐하려고 하였다.

이와 같은 피고들의 공동 불법행위로 인하여 원고들은 정신적 고통을 입었으므로 피고들은 공동하여 위자료로 원고 A에게 20,000,000원, 원고 B, C에게 각 2,000,000원을 지급할 의무가 있다.

3. 이 사건 사고를 방치한 책임에 관한 판단

원고 A가 가해학생들로부터 폭행을 당하였다고 학교 교사들에게 알렸거나, 그 밖에 다른 사정으로 피고들이 원고 A의 피해사실을 알고 있었음에도 불구하고 아무런 조치를 취하지 않은 채 방치하였다는 점에 관하여 갑 6호증의 4, 5, 8의 각 기재만으로는 이를 인정하기에 부족하고 달리 이를 인정할 증거가 없다. 원고들의 이 부분 주장은 이유 없다.

4. 이 사건 사고의 축소, 은폐 등 책임에 관한 판단

가. 책임의 성립 여부

(1) 축소, 은폐 진술 강요 부분

갑 4호증, 갑 7호증의 각 일부 기재, 증인 J의 일부 증언, 변론 전체의 취지에 의하면, 피고 F은 이 사건 사고에 대한 경찰 수사를 앞두고 2015. 7. 10.경 학교에 모인 가해학생들에게 '때렸다고 하지 말고 그냥 툭툭 쳤다고 말하라', '일주일에 한 여섯 번 때렸으면 그렇게 말하지 말고 한 두 세 번만 때렸따고 말하라', '성추행 사실에 대해서 만졌다고 하지 말고 그냥 스쳤다고만 해라'는 취지로 말한 사실이 인정된다.

피고 F은 학교로서 학생을 보호, 감독할 의무가 있을 뿐 아니라 생활지도부장으로 학교폭력이 발생한 경우 이를 조사하고 피해 정도와 범위를 밝혀 적절한 조치를 취할 업무를 담당하고 있으므로 피해사실을 정확하게 파악하여야 할 주의의무가 있음에도 불구하고 오히려 가해학생들에게 원고 A에 대한 폭행이나 성추행 등이 없거나 아주 약한 정도에 불과하였던 것으로 보일 수 있도록 사실과 달리 진술하라고 하였음이 인정된다. 교사의 학생 보호 의무는 사회나 환경 또는 물리적인 위험에서 신체적인 안전을 보호하는 것뿐만 아니라 사실과 다른 부당하거나 불리한 처우나 조치를 받지 않도록 보호할 의무도 있다고 볼 수 있는 점, 학교에서 일어난 폭행 등에 대하여 사실 관계 조사나 사후 조치에 대해서 학생이나 학부모로서는 교사를 전적으로 신뢰할 수밖에 없으며 여기에 더하여 피고 F은 생활지도부장으로서 피해 학생과 학부모에 대하여 서도 사실을 밝혀야 할 책임을 부담한다고 볼 수 있는 점 등을 고려하면, 원고들은 피고 F의 위와 같은 주의의무 위반으로 인해 정신적 고통을 당하였다고 인정된다.

피고 F은 학교 교사로서 학생을 보호, 감독할 의무가 있을 뿐 아니라 생활지도부장으로 학교폭력이 발생한 경우 이를 조사하고 피해 정도와 범위를 밝혀 적절한 조치를 취할 업무를 담당하고 있으므로 피해사실을 정확하게 파악하여야 할 주의의무가 있음에도 불구하고 오히려 가해학생들에게 원고 A에 대한 폭행이나 성추행 등이 없거나 아주 약한 정도에 불과하였던 것으로 보일 수 있도록 사실과 달리 진술하라고 하였음이 인정된다.

교사의 학생 보호 의무는 사회나 환경 또는 물리적인 위험에서 신체적인 안전을 보호하는 것뿐만 아니라 사실과 다른 부당하거나 불리한 처우나 조치를 받지 않도록 보호할 의무도 있다고 볼 수 있는 점, 학교에서 일어난 폭행 등에 대하여 사실 관계 조사나 사후 조치에 대해서 학생이나 학부모로서는 교사를 전적으로 신뢰할 수 밖에 없으며 여기에 더하여 피고 F은 생활지도부장으로서 피해 학생과 학부모에 대하여서도 사실을 밝혀야 할 책임을 부담한다고 볼 수 있는 점 등을 고려하면, 원고들은 피고 F의 위와 같은 주의의무 위반으로 인해 정신적 고통을 당하였다고 인정된다. 피고 F은 원고들에 대하여 손해를 배상할 책임이 있다.

원고들은 피고 E 역시 가해학생들이나 학부모들에게 피고 F과 마찬가지로 사건의 축소, 은폐 진술을 강요한 사실이 있다고 주장하나, 이에 부합하는 듯한 갑 4호증, 갑7호증의 각 일부 기재, 증인 J의 일부 증언은 갑 7호증의 다른 일부 기재, 을 제12호증의 일부 기재, 변론 전체의 취지에 비추어 믿기 어렵고, 달리 이를 인정할 만한 증거가 없다.

또한, 피고 D가 이 사건의 축소, 은폐 진술 강요에 관하여 피고 F 등과 공모하였다는 원고들의 주장에 관해서도 이를 인정할 증거가 없다.

그러므로 이 부분 원고들의 주장은 피고 F에 대하여는 이유 있고, 나머지 피고들에 대하여는 이유 없다.

(2) 설문 조사 부분

갑 4호증의 일부 기재, 을 9호증의 3, 4의 각 기재에 의하면, 피고 F이 이 사건 사고를 조사하면서 다른 학생들을 상대로 원고 A로부터 피해를 당한 사실에 관하여 조사를 실시하였다는 점은 인정된다. 그러나 앞에서 본 증거, 변론 전체의 취지에 의하면, 이는 학교에서 발생한 폭력사건의 실태를 보다 구체적으로 파악하고 특히 원고 A가 가해학생들로부터 다른 학생들을 폭행하라고 강요당했다는 내용도 피해사실에 포함되어 있으므로 관련 사실을 파악할 필요도 있었다고 보인다. 이러한 사정에 비추어 보면, 피고 F이 이사건 사고를 축소, 은폐하거나 수사에 혼선을 주기 위해 의도적으로 위와 같은 조사를 실시한 것이라고 보기는 어렵다. 그러므로 이 부분 원고의 주장은 이유 없다.

나. 책임의 범위

피고 F의 주의 위반의 경위와 내용, 원고들과 피고 F의 관계, 이후 이 사건 사고에 관한 학교폭력대책자치위원회 결과 및 가해학생의 처벌 등에 미친 영향, 원고들의 피해 정도 등을 고려할 때 위자료는 원고 A에 대하여 3,000,000원, 원고 B, C에 대하여 각 300,000원을 인정함이 상당하다고 보인다.

다. 소결

피고 F은 원고 A에게 3,000,000원, 원고 B, C에게 각 300,000원 및 이에 대하여 이 사건 소장 부본 송달 다음날임이 기록상 분명한 2016. 1. 29.부터 원고들이 구하는 이 판결 선고일인 2017. 4. 26.까지는 민법이 정한 연 5%, 그 다음날부터 다 갚는 날 까지는 소송촉진 등에 관한 특례법이 정한 연 15%의 각 비율로 계산한 지연손해금을 지급할 의무가 있다.

5. 결론

원고들의 피고 F에 대한 청구의 위 인정 범위 내에서 이유 있으므로 이를 인용하고, 나머지 청구는 이유 없으므로 이를 기각한다. 원고들의 피고 D, E, G에 대한 청구는 이유 없으므로 이를 기각한다.

제3장 형사소송 판례

[형사] 울산지방법원 2020고단4395 공갈

> **[판례 요약]**
>
> 괴롭힘을 당하는 학교폭력 피해자를 도와준 뒤, 댓가로 27만원 가량의 신발과 현금을 뜯어낸 사건, 다만 피고인은 피해자와 합의한 점 등을 고려하여 집행유예를 선고한 사례

Ⅰ. 법원의결정(주문)

피고인을 징역 4월에 처한다. 다만, 이 판결 확정일로부터 2년간 위 형의 집행을 유예한다.

Ⅱ. 판결이유

1. 피고인의 범죄사실

가. 범죄전력

피고인은 2020. 9. 25. 울산지방법원에서 폭력행위등처벌에관한법률위반(공동상해)죄로 징역 6월을 선고받고 2021. 2. 8. 위 판결이 확정되었다.

나. 사안의 발단

피고인은 2019. 12.경 지인을 통해 피해자 B(16세)이 전북에서 울산으로 전학을 오면서 울산 C고등학교 동급생과 선배들로부터 괴롭힘을 당하고 있으니 해결해 달라는 부탁을 받고, 자신이 알고 있는 C고등학교 학생들에게 피해자를 건드리지 말라고 지시한 후, 그 대가로 피해자로부터 금원을 갈취하기로 마음먹었다.

다. 구체적 행위

(1). 운동화 갈취 범행

피고인은 2020. 2. 19.경 피고인의 집인 울산 북구 D아파트 앞에서 위 피해자에게 "도와줬으니까 대가가 있어야 하지 않겠냐? 20만원을 달라"라고 말하고, 이에 겁을 먹은 피해자가 돈이 없는데 운동화를 줘도 되냐고 묻자 운동화라도 달라고 요구하여, 피해자로부터 시가 27만원 상당의 아디다스 이지부스트 1켤레를 갈취하였다.

(2). 금원 갈취 범행

피고인은 2020. 2. 20.경 장소를 알 수 없는 곳에서 피해자에게 전화하여 "돈을 가져와라, 20만원을 달라"라고 요구하였으나 피해자로부터 돈이 없다는 말을 듣자, 피해자에게 욕설을 하면서 "친구에게 빌리거나 엄마 지갑을 뒤져서라도 돈을 가져와라. 돈을 주지 않으면 너희 학교에 이야기해서, 내가 너를 도와주기 전의 상황으로 만들겠다"라고 이야기하여, 이에 겁을 먹은 피해자로부터 같은 날 피고인 명의계좌로 1만원을, 같은 달 26.경 9만원을, 같은 달 28.경 1만원을, 2020. 3. 3.경 10만원을 송금받아 합계 21만원을 갈취하였다.

3. 법령의 적용

가. 범죄사실에 대한 해당법조 및 형의 선택

각 형법 제350조 제1항(징역형 선택)

나. 경합범처리

형법 제37조 후단, 제39조 제1항

다. 경합범가중

형법 제37조 전단, 제38조 제1항 제2호, 제50조

라. 집행유예

형법 제62조 제1항

4. 결정

가. 양형기준에 따른 권고형량의 범위

이 사건 각 범죄는 판시 전과와 형법 제37조 후단의 경합범 관계에 있어 양형기준이 적용되지 아니한다.

나. 선고형의 결정

이 사건 각 범행은 피고인이 피해자를 도와준 것을 빌미로 피해

자를 협박하여 금품 등을 갈취한 것으로, 그 죄질이 상당히 좋지 아니하다. 다만, 피고인이 이 사건 각 범행을 시인하면서 반성하고 있고, 피해자와 합의하여 피해자가 피고인에 대한 처벌을 희망하지 아니하는 점, 피해금액이 비교적 크지 아니하고 피고인이 아직 나이가 어린 점, 이 사건 각 범죄는 판시 전과 범죄와 동시에 판결할 경우와의 형평을 고려할 필요가 있는 점 및 그 밖에 피고인의 연령, 성행, 가족관계, 범행 후의 정상 기타 이 사건 기록 및 변론에 나타난 여러 양형조건들을 참작하여 주문과 같이 형을 정한다.

[형사] 대법원 2019도12750 아동복지법위반 등 파기환송

− 카카오톡 계정 프로필 상태메시지 게시 명예훼손 사건 −

> ### [판례 요약]
>
> ◆정보통신망 이용촉진 및 정보보호 등에 관한 법률 제70조 제1항에서 정한 '사실을 드러내어 다른 사람의 명예를 훼손한 것'인지를 판단하는 주요 판례
>
> 정보통신망 이용촉진 및 정보보호 등에 관한 법률 제70조 제1항은 "사람을 비방할 목적으로 정보통신망을 통하여 공공연하게 사실을 드러내어 다른 사람의 명예를 훼손한 자는 3년 이하의 징역 또는 3천만원 이하의 벌금에 처한다."라고 정하고 있다. 이 규정에 따른 범죄가 성립하기 위해서는 피해자가 특정된 사실을 드러내어 명예를 훼손하여야 한다.
>
> 여기에서 사실을 드러낸다는 것은 이로써 특정인의 사회적 가치나 평가가 침해될 가능성이 있을 정도로 구체성을 띠는 사실을 드러낸다는 것을 뜻하는데, 그러한 요건이 충족되기 위해서 반드시 구체적인 사실이 직접적으로 명시되어

있어야 하는 것은 아니지만, 적어도 특정 표현에서 그러한 사실이 곧바로 유추될 수 있을 정도는 되어야 한다.

그리고 피해자가 특정되었다고 하기 위해서는 표현의 내용을 주위사정과 종합하여 볼 때, 그 표현이 누구를 지목하는가를 알아차릴 수 있을 정도가 되어야 한다(대법원 1982. 11. 9. 선고 82도1256 판결, 대법원 2011. 8. 18. 선고 2011도6904 판결, 대법원 2014. 3. 27. 선고 2011도11226 판결 등 참조).

한편 특정 표현이 사실인지 아니면 의견인지를 구별할 때에는 언어의 통상적 의미와 용법, 증명가능성, 문제된 말이 사용된 문맥, 그 표현이 행해진 사회적 상황 등 전체적 정황을 고려하여 판단하여야 한다(대법원 1998. 3. 24. 선고 97도2956 판결 등 참조).

학교폭력 피해학생의 모(母)인 피고인이 자신의 카카오톡 계정 프로필 상태메시지에 '학교폭력범은 접촉금지!!!'라는 글과 주먹 모양의 그림말 세 개를 게시한 것이 학교폭력 가해학생인 피해자에 대한 정보통신망이용촉진및정보보호등에관한법률위반(명예훼손)으로 기소된 사안에서, 이 사건 상태메시지의 내용 등 제반 사정을 위에서 본 법리에 비추어 살펴보면, 피고인이 이 사건 상태메시지를 통해 피해자의 학교폭력 사건이나 그 사건으로 피해자가 받은 조치에 대해 기재함으로써 피해자의 사회적 가치나 평가를 저하시키기에 충분한 구체적인 사실을 드러냈다고 볼 수 없다는 이유로, 이와 달리 원심이 이 부분 공소사실을 유죄로 인정한 것에 정보통신망 이용촉진 및 정보보호 등에 관한 법률 제70조 제1항에서 정한 명예훼손에 관한 법리를 오해하여 판결에 영향을 미친 잘못이 있다고 보아 원심판결을 파기한 사례

Ⅰ. 법원의 결정

원심판결 중 유죄 부분을 파기하고, 이 부분 사건을 부산지방법원에 환송한다. 검사의 상고를 기각한다.

Ⅱ. 판결 이유

1. 검사의 상고이유에 관한 판단

원심은 이 사건 공소사실 중 아동복지법 위반 부분에 대하여 범죄의 증명이 없다고 보아, 이를 유죄로 판단한 제1심 판결을 파기하고 무죄를 선고하였다. 원심판결 이유를 관련 법리와 기록에 비추어 살펴보면, 원심 판단에 논리와 경험의 법칙에 반하여 자유심증주의의 한계를 벗어나거나 아동복지법 제17조 제5호에서 정한 '아동의 정신건강 및 발달에 해를 끼치는 정서적 학대행

위'에 관한 법리를 오해한 잘못이 없다.

2. 피고인의 상고이유에 관한 판단

가. 정보통신망 이용촉진 및 정보보호 등에 관한 법률(이하 '정보통신망법'이라 한다) 제70조 제1항은 "사람을 비방할 목적으로 정보통신망을 통하여 공공연하게 사실을 드러내어 다른 사람의 명예를 훼손한 자는 3년 이하의 징역 또는 3천만원 이하의 벌금에 처한다."라고 정하고 있다.

이 규정에 따른 범죄가 성립하기 위해서는 피해자가 특정된 사실을 드러내어 명예를 훼손하여야 한다. 여기에서 사실을 드러낸다는 것은 이로써 특정인의 사회적 가치나 평가가 침해될 가능성이 있을 정도로 구체성을 띄는 사실을 드러낸다는 것을 뜻하는데, 그러한 요건이 충족되기 위해서 반드시 구체적인 사실이 직접적으로 명시되어 있어야 하는 것은 아니지만, 적어도 특정 표현에서 그러한 사실이 곧바로 유추될 수 있을 정도는 되어야 한다.

그리고 피해자가 특정되었다고 하기 위해서는 표현의 내용을 주위사정과 종합하여 볼 때, 그 표현이 누구를 지목하는가를 알아차릴 수 있을 정도가 되어야 한다(대법원 1982. 11. 9. 선고 82도1256 판결, 대법원 2011. 8. 18. 선고 2011도6904 판결, 대법원 2014. 3. 27. 선고 2011도11226 판결 등 참조).

한편 특정 표현이 사실인지 아니면 의견인지를 구별할 때에는 언어의 통상적 의미와 용법, 증명가능성, 문제된 말이 사용된 문맥, 그 표현이 행해진 사회적 상황 등 전체적 정황을 고려하여 판단하여야 한다(대법원 1998. 3. 24. 선고 97도2956 판결 등 참조).

나. 원심판결 이유와 기록에 따르면 다음 사실을 알 수 있다.

피고인의 딸 공소외인과 피해자는 2017년 당시 ○○초등학교 3학년 같은 반에 재학 중이었다. 피고인 측은 2017. 6. 30. 피해자가 공소외인을 따돌렸다고 주장하면서 ○○초등학교에 학교폭력 신고를 하였다.

교장은 2017. 7. 7.경 피해자에게 5일간의 출석정지를 명하는 사전조치를 하였다. ○○초등학교 학교폭력대책자치위원회는 2017. 7. 12. 피해자의 공소외인에 대한 학교폭력이 있었음을 전제로, 피해자에 대하여 '피해학생에 대한 접촉, 보복행위의 금지(2017. 7. 13.부터 2017. 9. 30.까지), 학교에서의 봉사 3시간, 학생 특별교육 2시간, 보호자 특별교육 2시간'을 명하고, 교장의 사전조치를 추인하는 의결을 하였다(이하 '이 사건 의결'이라 한다). 교장은 2017. 7. 13. 피해자에게 이 사건 의결에 따른 조치를 하였다.

그 후 피고인은 2017. 7. 중순경 자신의 카카오톡 계정 프로필 상태메시지에 '학교폭력범은 접촉금지!!!'라는 글과 주먹 모양의 그림말 세 개(이하 '이 사건 상태메시지'라 한다)를 게시하였다.

다. 위 사실관계로부터 다음과 같은 사정을 알 수 있다. '학교폭력범은 접촉금지!!!'라는 글과 주먹 모양의 그림말 세 개로 이루어진 이 사건 상태메시지에는 그 표현의 기초가 되는 사실관계가 드러나 있지 않다. '학교폭력범'이라는 단어는 '학교폭력'이라는 용어에 '죄지은 사람'을 뜻하는 접미사인 '범(犯)'을 덧붙인 것으로서, '학교폭력을 저지른 사람'을 통칭하는 표현인데, 피고인은 '학교폭력범' 자체를 표현의 대상으로 삼았을 뿐 특정인을 '학교폭력범'으로 지칭하지 않았다. 학교폭력이 심각한 문제로 대두되고 있는 우리 사회의 현실, 초등학생 자녀를 둔 피고인의 지위 등을 고려하면, 피고인이 '학교폭력범'이라는 단어를 사용하였다고 하여 실제 일어난 학교폭력 사건에 관해 언급한 것이라고 단정할 수 없다.

'접촉금지'라는 어휘는 통상적으로 '접촉하지 말 것'이라는 의미로 이해되고, 이 사건 의결 등을 통해 피해자에게 '피해학생(공소외인)에 대한 접촉의 금지' 조치가 내려졌다는 사실이 피해자와 같은 반 학생들이나 그 부모들에게 알려졌음을 인정할 증거도 없다.

라. 이러한 사정을 위에서 본 법리에 비추어 살펴보면, 피고인
이 이 사건 상태메시지를 통해 피해자의 학교폭력 사건이나 그
사건으로 피해자가 받은 조치에 대해 기재함으로써 피해자의 사
회적 가치나 평가를 저하시키기에 충분한 구체적인 사실을 드러
냈다고 볼 수 없다.

그런데도 원심은 피고인이 이 사건 상태메시지를 게시함으로써
피해자의 사회적 가치나 평가를 저하시키기에 충분한 구체적인
사실을 드러내 피해자의 명예를 훼손하였다고 보아 이 사건 공소
사실 중 정보통신망법 위반(명예훼손) 부분을 유죄로 판단하였다.
원심판결 중 유죄 부분에는 정보통신망법 제70조 제1항에서 정
한 명예훼손에 관한 법리를 오해하여 판결에 영향을 미친 잘못이
있다. 이를 지적하는 피고인의 상고이유
주장은 정당하다.

3. 결론

피고인의 나머지 상고이유에 대한 판단을 생략한 채, 원심판결
중 유죄 부분을 파기하고 이 부분 사건을 다시 심리.판단하도록
원심법원에 환송하며, 검사의 상고를 기각하기로 하여, 대법관의
일치된 의견으로 주문과 같이 판결한다.

[형사] 울산지방법원 2013고합166 살인미수

> **[판결 요지]**
>
> <요약>
> 중학교 때 당한 학교폭력으로 정신질환을 앓게 된 피고인이
> 대학생이 된 가해자를 찾아가 보복하려다 출입을 제지하는
> 보안요원(제3자)을 흉기로 다치게 한 사례

I 법원의 결정

피고인을 징역 1년 6월에 처한다.

다만, 이 판결 확정일부터 3년간 위 형의 집행을 유예한다.

압수된 부엌칼 1개(증 제1호)를 몰수한다. 피치료감호청구인을
치료감호에 처한다.

II 판결이유

1. 범죄사실

피고인 겸 피치료감호청구인(이하 '피고인'이라 한다)은 B 신
경정신과 의원에서 2011. 6.경부터 2011. 11경까지 강박장애
등으로 통원치료를 받고, 천주의 성 요한 병원에서 2012. 6. 5.

부터 2013. 6. 1.까지 사이에 같은 증상으로 3회 입원치료를 받은 병력이 있는 자로서 평소 중학교 동창 C이 5년 전 자신을 비웃고 속닥거린 기억이 사라지지 않아 정상적인 생활이 불가능하였고 이 때문에 자신의 인생을 망쳤다고 생각하는 등의 강박장애로 인하여 사물을 변별하거나 의사를 결정할 능력이 미약한 상태에서 위 C을 살해하기로 마음먹고 광주에 있는 이마트에서 부엌칼을 구입하여 준비해 두었다.

피고인은 2013. 6. 1. 17:30경 울산 울주군에 있는 C이 재학 중인 D대학교 내 201동 통합관제센터에서 보안요원인 피해자 E(25세)에게 C을 찾으러 왔으니 만나게 해 줄 것을 요구하였으나, 피해자가 C과 연락을 취한 후 지금 만날 수가 없다는 대답을 전해주자 이에 화가 난 피고인은 C을 만나지 못하게 하는 피해자를 살해하기로 마음먹고 소지하고 있던 가방에서 위 부엌칼(칼날길이 19cm)을 꺼내어 오른 손에 들고 "C이 여기 있는 거 다 안다. 빨리 불러라"고 말하며 피해자의 왼쪽 가슴 부위를 1회 힘껏 찔렀다.

피고인은 이와 같이 부엌칼로 피해자를 찔러 피해자를 살해하려고 하였으나 상해를 입은 피해자가 다른 곳으로 피하여 그 뜻을 이루지 못하고 미수에 그치고, 이로 인하여 피해자에게 약 3주간의 치료가 필요한 흉곽 전벽의 열린 상처를 가하였다.

2. 치료감호 원인사실

피고인은 심신장애자로서 치료감호시설에서 치료를 받을 필요가 있고 재범의 위험성이 있다.

가. 증거의 요지

1. 피고인의 일부 법정진술
1. F, G, E에 대한 각 경찰진술조서
1. 압수조서 및 압수목록
1. 각 수사보고
1. 진단서, 진료소견서, 임상심리학적 평가보고서, 정신감정결과통보
1. 현장사진
1. 치료감호의 필요성 및 재범의 위험성 : 앞서 본 바와 같이 피고인은 심신미약의 상태에서 이 사건 범행을 저지른 점, 판시 각 증거와 정신감정결과통보에 의하여 인정되는 다음과 같은 사정 즉, 피고인은 중학교 때 괴롭힘을 당했던 사건을 반복하여 떠올리게 되는 강박사고와 그로 인한 극도의 정서적 불안 및 분노조절이 어려운 상태에 있어 강박장애의 진단을 받았을 뿐만 아니라 향후 그 치료가 필요할 것으로 보이는 점, 그 밖에 이 사건 범행 후의 정황, 피고인의 연령, 성행, 가정환경 등을 종합하여 보면, 피고인에게 치료감호시설에서의 치료의 필요성 및 재범의 위험성이 있음을 충분히 인정할 수 있다.

나. 법령의 적용

1. 범죄사실에 대한 해당법조 및 형의선택

 형법 제250조 제1항(유기징역형 선택)

1. 법률상 감경

 형법 제10조 제2항, 제1항, 제55조 제1항 제3호(심신미약자)

1. 작량감경

 형법 제53조, 제55조 제1항 제3호(아래 양형의 이유 중 유리한 정상 참작)

1. 집행유예

 형법 제62조 제1항(아래 양형의 이유 중 유리한 정상 거듭 참작)

1. 몰수

 형법 제48조 제1항 제1호

1. 치료감호

 치료감호법 제2조 제1항 제1호

Ⅲ 피고인 및 변호인의 주장 및 이에 대한 판단

1. 주장의 요지

 피고인은 피해자를 위협하려고 하였을 뿐, 피해자를 살해할 의사는 없었다.

2. 판단

살인죄에서 살인의 범의는 반드시 살해의 목적이나 계획적인 살해의 의도가 있어야 인정되는 것은 아니고, 자기의 행위로 인하여 타인의 사망이라는 결과를 발생시킬 만한 가능성 또는 위험이 있음을 인식하거나 예견하면 족한 것이며 그 인식이나 예견은 확정적인 것은 물론 불확정적인것이라도 이른바 미필적 고의로 인정되는 것인바, 위 각 증거들에 의하여 인정되는 다음과 같은 사정,

즉 ① 피고인은 부엌칼로 피해자의 가슴부위를 찔렀는데, 이 사건 범행에 사용된 부엌칼은 칼날 길이가 19㎝에 이르는 치명적인 흉기이고, 왼쪽 가슴부위를 찌를 경우 심장 등 주요 장기가 손상을 입어 사망의 결과를 초래할 위험성이 크다는 사실을 누구나 예견할 수 있는 점,

② 피해자는 명치 위 흉부 쪽 흉벽에 손가락 크기의 7~8㎝의 개방창의 상처를 입었는바, 위 상처는 왼쪽 심장 옆을 명치 쪽으로 사선으로 찌른 상처로서 상처 바로 밑에 심장이 위치해 있어, 흉기의 각도가 조금만 달랐다면 심장이 찢어져 사망에 이를 수 있었던 점(수사기록 93, 94면) 등, 이 사건 범행의 경위, 사용된 흉기의 종류 및 그 위험성, 공격부위의 위험성 등에 비추어 보면, 피고인에게는 적어도 미필적인 살인의 고의가 있었다고 보이므로, 위 주장은 받아들이지 아니한다.

3. 양형의 이유

가. [처단형의 범위] 징역 1년 3월 ~ 7년 6월

나. [유형의 결정] 살인범죄, 제2유형

다. [특별양형인자]

- 특별감경요소 : 미필적 살인의 고의, 심신미약

라. [권고형의 범위] 징역 1년 2월 ~ 8년(감경영역, 미수범죄이므로 형량범위의 하한을 1/3, 상한을 2/3로 각 감경하되 특별감경요소가 2개 이상 존재하는 경우에 해당하여 형량범위의 하한을 1/2까지 거듭 감경한다)

마. [수정된 권고형의 범위] 징역 1년 3월 ~ 7년 6월(양형기준에서 권고하는 형량범위의 상한, 하한이 처단형의 상한, 하한보다 높거나 낮으므로 처단형의 범위에 따름)

바. [집행유예 여부]

○ 주요참작사유

 - 긍정적 : 형사처벌 전력 없음, 처벌불원

○ 일반참작사유

 - 긍정적 : 진지한 반성, 집행유예 이상의 전과가 없음

 - 부정적 : 위험한 물건 휴대

4. 결정

[선고형의 결정] 징역 1년 6월, 집행유예 3년

이 사건 범행은 피고인이 피해자를 칼로 찔러 살해하려다 미수에 그친 것으로 그 죄책이 가볍지 않은 점 등 불리한 정상, 피고인이 학교폭력으로 인한 정신질환으로 심신미약 상태에서 이 사건 범행을 저지른 점, 피고인이 피해자와 합의하여 피해자가 피고인에 대한 선처를 탄원하는 점, 피고인이 초범인 점, 피고인이 자신의 잘못을 반성하고 있는 점 등 유리한 정상, 그 밖에 피고인의 연령, 성행, 건강상태와 범행의 정황 등 제반 양형조건을 종합적으로 고려하여 주문과 같이 형을 정한다.

[형사] 대법원 2022도1718 아동학대범죄의

처벌등에 관한 특례법위반

-아동복지시설종사자등의 아동학대가중처벌-

원 심 판 결 부산지방법원 2022. 1. 27. 선고 2020노3662 판결

Ⅰ 법원의 결정

원심판결 중 유죄 부분과 신체적 학대행위로 인한 「아동학대범죄의 처벌 등에 관한 특례법」위반(아동복지시설종사자등의아동학대가중처벌)에 관한 무죄 부분을 파기하고, 이 부분 사건을 부산지방법원에 환송한다.
검사의 나머지 상고를 기각한다.

Ⅱ 판결이유

1. 검사의 상고이유에 관하여

가. 신체적 학대행위로 인한 「아동학대범죄의 처벌 등에 관한 특례법」(이하 '아동학대처벌법'이라 한다) 위반(아동복지시설종사

자등의아동학대가중처벌) 부분

1) 원심은, ○○중학교 교사인 피고인이 위 학교에서 3회에 걸쳐 아동인 피해자들에게 신체의 건강 및 발달을 해치는 신체적 학대행위를 하였다는 이 부분 공소사실에 대하여, 피고인은 피해자들이 학생으로서 지켜야 할 학칙 또는 규범을 준수하지 아니한 경우 이를 훈육하기 위한 취지에서 이 부분 공소사실 기재와 같은 행위를 하였다고 주장하는바, 피고인의 행위로 인해 피해자들이 다소간 기분이 상하는 정도를 넘어서 피해자들의 신체적 건강 및 발달상태가 불량하게 변경되었다고 볼 여지는 없어 보이고,

피고인의 그와 같은 행위가 위 피해자들을 상대로 악의적으로 반복된 것으로 보이지도 않는다고 보고, 행위를 한 동기와 경위, 행위의 정도와 태양에 관한 피해자들의 진술 및 피고인의 유형력 행사의 횟수가 피해자 별로 1회에 그친 점 등을 고려하면, 피고인의 행위가 아동의 신체에 상해에 준할 정도로 부정적인 변화를 가져오는 것이라고 보기 어렵고, 아동의 신체 건강 및 정상적인 발달을 해칠 정도 또는 그러한 결과를 초래할 위험을 발생시킬 정도에 이른다고 보기도 어렵다는 이유로 이 부분 공소사실을 무죄로 판단하였다.

2) 가) 초·중등교육법 제18조 제1항 본문은 '학교의 장은 교육을 위하여 필요한 경우에는 법령과 학칙으로 정하는 바에 따라

학생을 징계하거나 그 밖의 방법으로 지도할 수 있다'고 규정하고 있다. 그 위임에 따른 초ㆍ중등교육법 시행령 제31조 제8항은 '법 제18조 제1항 본문에 따라 지도를 할 때에는 학칙으로 정하는 바에 따라 훈육ㆍ훈계 등의 방법으로 하되, 도구, 신체 등을 이용하여 학생의 신체에 고통을 가하는 방법을 사용해서는 아니 된다'고 규정하고, 위 ○○중학교의 생활지도 규정 제12조 제5항도 '징계지도시 도구, 신체 등을 사용하는 체벌은 금지한다'고 규정한다.

따라서 피고인이 위 중학교 교사로서 학생들에게 초ㆍ중등교육법 시행령과 학교의 생활지도 규정에서 금지하는 수단과 방법을 사용하여 체벌을 하였다면 훈육 또는 지도 목적으로 행하여졌다고 할지라도 허용될 수 없다.

나) 아동복지법 제71조 제1항 제2호, 제17조 제3호에 따르면, 누구든지 아동의 신체에 손상을 주거나 신체의 건강 및 발달을 해치는 신체적 학대행위를 한 사람은 위 법에 의한 처벌을 받아야 한다. '아동'은 18세 미만인 사람을 말하고, '아동학대'란 보호자를 포함한 성인이 아동의 건강 또는 복지를 해치거나 정상적 발달을 저해할 수 있는 신체적ㆍ정신적ㆍ성적 폭력이나 가혹행위를 하는 것 등을 말하며, '보호자'에는 아동을 보호ㆍ양육ㆍ교육하거나 그러한 의무가 있는 자 또는 업무ㆍ고용 등의 관계로 사실상 아동을 보호ㆍ감독하는 자가 포함된다(아동복지법 제3조

제1호, 제3호, 제7호).

다) 아동학대처벌법 제7조, 제10조 제2항 제20호에 따르면 초·중등교육법 제2조에 따른 학교의 장과 그 종사자가 보호하는 아동에 대하여 아동학대범죄를 범한 때에는 가중처벌된다. 이 때 '아동', '보호자', '아동학대'의 개념은 아동복지법 제3조의 규정에 따르고, '아동학대범죄'에는 아동복지법 제71조 제1항 각 호의 죄(제3호의 죄는 제외)가 포함된다(아동학대처벌법 제2조 제1호 내지 제3호, 제4호 타.목).

위 규정들을 종합하면, 13세 내지 14세의 중학생인 피해자들에 대하여, 중학교 교사인 피고인이 한 이 부분 공소사실 기재 행위가 아동학대처벌법이 가중처벌하는 '아동의 신체에 손상을 주거나 신체의 건강 및 발달을 해치는 신체적 학대행위'에 해당하는지를 판단함에 있어서도 초·중등교육법 시행령과 그 학교의 생활지도 규정이 적용되고, 따라서 위 법령과 규정에서 금지하는 수단과 방법을 사용하여 체벌을 하였다면 훈육 또는 지도 목적으로 행하여졌다고 할지라도 신체적 학대행위에 해당한다.

라) 한편, 신체적 학대행위에 해당하는지 판단함에 있어서는 행위가 발생한 장소와 시기, 행위에 이른 동기와 경위, 행위의 정도와 태양, 아동의 반응 등 구체적인 행위 전후의 사정과 더불어 아동의 연령 및 건강 상태, 행위자의 평소 성향이나 유사 행

위의 반복성 여부 및 기간까지도 고려하여 종합적으로 판단하여
야 한다(대법원 2020. 1. 16. 선고 2017도12742 판결 참조).

3) 가) 이 부분 공소사실 기재 행위들은 수업시간 및 그 직전
등에, 교실 내부 또는 교무실 부근에서 행하여졌다.

나) 피고인은 당시 피해학생들이 교칙을 준수하지 않았기 때
문에 훈육의 필요가 있었다고 주장하였으나, 피고인이 주장하는
피해학생들의 잘못된 행위 중 수업시간 종이 울렸는데도 교실 뒤
쪽에 서 있는 행위, 교실에 출입할 때 뒷문을 사용하지 않고 앞
문으로 들어온 행위가 교칙 위반인지, 위반이라면 훈육을 위하여
어떤 지도가 필요하였는지 심리된 바는 없다. 또한 지각을 하여
교무실 앞에 서 있는 학생에 대하여 복장 불량을 이유로 머리를
때린 행위가 교칙 위반에 대한 훈육에 포함되는지 역시 의문이
다.

다) 피해학생 공소외인은 피고인의 행위에 대하여 "굉장히
기분이 안 좋고, 짜증나고 무안하고 화가 났다."라고 진술하였는
바, 위 피해학생은 신체적·정신적으로 미성숙한 13세의 나이로
교사인 피고인의 행위에 대하여 피해 정도를 표현하는 데에 한계
가 있었을 것이고 나머지 피해학생들 또한 마찬가지였을 것인데,
위의 진술을 두고 '기분이 상하는 정도'에 불과하다고 단정할 것
은 아니다.

라) 피고인은 6개월여 동안, 이 부분 공소사실 기재와 같이 3회의 체벌을 하였고, 수업시간 등에 학교에서 학생들에게 4회의 성적 수치심을 주는 발언을 하였다(피고인 상고 부분). 따라서 피고인의 이 부분 공소사실 기재 행위가 피해학생 별로는 1회씩의 행위라고 할지라도 피고인의 행위는 단기간 반복적으로 이루어졌다.

4) 그럼에도 원심이 판시와 같은 이유로 피고인의 행위가 신체적 학대행위에 포함되지 않는다고 본 것은 아동학대처벌법이 가중처벌하는 신체적 학대행위와 체벌의 관계, 신체적 학대행위에 관한 법리를 오해하여 필요한 심리를 다하지 않음으로써 판결에 영향을 미친 잘못이 있다.

나. 2018. 7.경 성적 학대행위로 인한 아동학대처벌법 위반(아동복지시설종사자등의아동학대가중처벌) 부분원심은 판시와 같은 이유로 이 사건 공소사실 중 2018. 7.경 성적 학대행위로 인한 아동학대처벌법 위반(아동복지시설종사자등의아동학대가중처벌) 부분에 대하여 범죄의 증명이 없다고 보아, 이를 무죄로 판단하였다. 원심판결 이유를 관련 법리와 기록에 비추어 살펴보면, 원심의 판단에 논리와 경험의 법칙을 위반하여 자유심증주의의 한계를 벗어나거나 아동에 대한 성적 학대행위에 관한 법리를 오해한 잘못이 없다.

다. 나머지 상고 부분

검사는 원심판결 전부에 대하여 상고하였으나, 유죄 부분에 대해서는 상고장이나 상고이유서에 불복이유를 기재하지 않았다.

2. 피고인의 상고이유에 관하여

원심은 판시와 같은 이유로 이 사건 공소사실 중 앞서 본 무죄 부분을 제외한 나머지 부분을 유죄로 판단하였다. 원심판결 이유를 관련 법리와 적법하게 채택한 증거에 비추어 살펴보면, 원심의 판단에 논리와 경험의 법칙을 위반하여 자유심증주의의 한계를 벗어나거나 아동에 대한 성적 학대행위에 관한 법리를 오해한 잘못이 없다.

3. 파기의 범위

위와 같은 이유로 원심판결 중 신체적 학대행위로 인한 아동학대처벌법 위반(아동복지시설종사자등의아동학대가중처벌)에 관한 무죄 부분은 파기되어야 한다. 그런데 위 파기 부분은 원심이 유죄로 인정한 부분과 형법 제37조 전단의 경합범 관계에 있어 하나의 형이 선고되어야 하므로, 원심판결 중 유죄 부분도 함께 파기되어야 한다.

4. 결론

그러므로 원심판결 중 유죄 부분과 신체적 학대행위로 인한 아동학대처벌법 위반(아동복지시설종사자등의아동학대가중처벌)에 관한 무죄 부분을 파기하고, 이 부분 사건을 다시 심리.판단하도록 원심법원에 환송하며, 검사의 나머지 상고를 기각하기로 하여, 관여 대법관의 일치된 의견으로 주문과 같이 판결한다.

제4장 인권위원회 결정례

학교폭력 사건 축소·은폐에 의한 인권 침해(18진정0419400)

> **[판단 요지]**
>
> 피진정학교는 학생들을 보호하기 위한 목적으로 행정실에서 학교에 출입하는 사람들의 방문목적, 성명, 연락처 등이 담긴 교내방문일지를 작성하도록 하고 있다.
>
> 그러나 방문자에게 앞서 출입한 사람들의 개인정보가 담긴 방명록에 이어서 작성하게 함으로써, 앞서 출입한 사람의 성명과 연락처 등 개인정보가 노출되고 있다. 이러한 관리 관행은 학부모 등 방문자들의 개인정보자기결정권을 침해할 가능성이 매우 높다.
>
> 특히 이 사건의 경우처럼 교내방문일지를 보고 학교폭력 사건 상대 학부모의 개인정보를 수집하여 이용하는 경우가 생기지 않도록 보다 주의하여 개인정보를 관리할 필요가 있다.

I 인권위원회 결정

1. 이 사건 진정은 기각한다.

2. 다음과 같은 의견을 표명한다.

가. ○○초등학교장은 교내방문일지의 개인정보가 유출되지 않도록 관리 관행을 개선하는 것이 바람직하다.

나. ○○○○교육지원청 교육장은 ○○초등학교와 같은 유사한 문제가 생기지 않도록 관할 학교들의 교내방문일지 관행을 파악하여 감독할 필요가 있다.

II 결정 이유

1. 진정요지

진정인은 피해자의 아버지이고, 피해자는 경기도 ○○에 있는 ○○초등학교 5학년 3반에 재학 중인 학생이다. 피해자는 자신의 의지와 상관없이 몸을 움찔거리는 틱 장애가 있다. 피진정인 1은 피해자의 담임교사이고, 피진정인 2와 3은 각 ○○초등학교 교감과 교장이며, 피진정인 4는 같은 학교 학교폭력전담교사이다.
피해자는 2018학년도 ○○초등학교 5학년 3반 재학 중 같은 반

학생인 박○○에게 2018. 3. 15.부터 4. 23.까지 칼로 위협당하고, 모욕적인 발언을 들었는데, 이와 관련하여 피진정인들로부터 다음과 같은 인권침해를 당하였다.

가. 피해자와 피해자의 모가 피진정인 1에게 위 행위에 대한 보호조치를 요청하였음에도 피진정인 1은 적절한 보호조치를 취하지 않았고, 피진정인 2와 3에게 칼의 압수를 요청하였으나 이를 거부하여 보호조치를 소홀히 하였다.

나. 진정인은 2018. 4. 23. 박○○의 위협 등에 대해 학교폭력대책자치위원회(이하 '학폭위'라고 한다.) 개최를 요청하였다. 그런데 피진정인 1, 2, 3, 4는 상대학생인 박○○의 부모를 이용하여 쌍방폭행으로 신고하도록 몰아가고 합의를 종용하였으며, 상대학생에게 유리하게 학폭위 결정이 이루어지도록 함으로써 조직적으로 학교폭력 사안을 축소·은폐하였다.

2. 당사자 주장

가. 진정인
위 진정요지와 같다.

나. 피진정인
1) 피진정인 1

피해자가 2018. 3. 15. 수업시간에 "짝꿍 박○○이 멀티칼을 사용한다"고 하여 학생전체에게 수업시간에 칼을 사용하면 안 된다고 주의를 주었고, 다음날 피해자가 박○○이 다시 칼을 사용한다고 하여 박○○에게 멀티칼을 압수하였다.

이후 2018. 4. 11. 박○○의 모와 상담하면서 위 사안을 알려주었고, 2018. 4. 18. 박○○이 펜을 사용하기 위해 돌려달라고 하여(멀티칼은 칼, 가위, 펜으로 변형하여 사용할 수 있다) 멀티칼을 돌려주었다. 그날 피해자가 박○○의 책상 위에 멀티칼이 있는 것을 보고 "박○○이 책상위에 칼이 있다"고 하여 박○○에게 주의를 주고 가방에 넣도록 하였다.

2018. 4. 19. 급식시간에 피해자가 도움을 요청한 사실이 없고 만약 도움을 요청했는데 담임교사가 이를 무시한다는 것은 상식 밖의 일이다. 양치질을 하는 장소는 여자화장실 바로 옆에 위치해 있으므로, 양치하러 가는 사이에 피해자가 여자화장실로 도망쳤다면 피진정인 1과 마주칠 수밖에 없는 구조이다.

교육과정에 칼을 사용에서 종이를 자르는 등의 과정이 있으나, 가위를 사용하여 수업을 진행하고 칼을 가져오라고 하지는 않는다. 일부 학생들이 칼을 사용하기도 하는데, 이를 특별히 제재하지는 않는다. 피해자의 모가 보호를 요청할 때마다 지속적으로 조치하였다. 2018. 3. 16. 도움요청에 대해서는 칼 사용에 대해

교육하고 칼을 압수하였다. 박○○의 칼이 8개라는 제보에 대해서 2018. 3. 19. 박○○과 상담하여 칼이 없다는 말을 듣고, 다시 주의를 시켰다. 2018. 4. 2. 요청에 대해서는 박○○과 상담하여 피해자의 틱증상에 대해서 이해시키고 "날카로운 자"가 철로 만들어진 자임을 확인하고 사용에 주의를 당부하였다. 박○○이 진정외 같은 반 학생 조○○이 수업 중 쪽지를 주고받는다는 내용은 이미 확인하여 수업을 방해하지 않도록 박○○에게 주의를 주었다.

여학생들의 단체 채팅방을 만들고 피해자만 초대하지 않아 따돌렸다는 내용에 대해서 확인한 결과 채팅방은 조○○이 개설한 것이 아니고, 학급 내 총 11명의 여학생 중 6명이 참석한 채팅방이므로 여학생 단체 채팅방이라고 보기 어려우며, 사이버 폭력 예방교육을 별도로 실시하였다. 단체 채팅방에서 피해자를 묘사한 그림을 보며 따돌림이 있었다는 내용과 관련하여 학교폭력전담경찰관과 그림을 확인한 결과 따돌림과 상관이 없는 내용임을 확인하였다.

2) 피진정인 3

피해자의 모가 2018. 4. 20. 11:00경 피진정인 2)에게 전화하여 박○○이 칼로 피해자를 위협하는 것을 알고 있는지 물어보았다. 학생이 칼로 위협하는 것은 영화에서나 있을 수 있는 것이라고 생각하여 정말 칼로 위협을 했겠냐고 되묻고 확인해보겠다고 하였다. 2018 4. 23.(월) 09:00 피해자의 부모가 사전약속도 없이 교무실에 와서 교장을 만나야겠다고 하였고, 곧바로 교장실로 들어갔다.

피해자 부모는 감정이 고조되어 박○○의 소지품검사를 해서 칼의 소지여부를 꼭 확인해야 한다고 하였다. 갑작스러운 소지품 검사요구에 대해서 피진정인 2, 3은 개인의 소지품 검사는 학생의 인권존중 차원에서 실시하기 어렵다고 답하였다.

09:40경 학교전담경찰관이 교장실에 방문하여 소지품 검사를 할 수 있다고 하였고, 09:50경 피진정인 1에게 박○○의 가방을 가지고 박○○과 2층 회의실로 오도록 하였다.

경찰관은 피진정인 1, 2가 함께 있는 가운데 박○○에게 소지품을 확인할 수 있는지 물어보고 박○○의 동의를 받아 소지품을 확인하였다. 이때, 진정인이 갑자기 들어와서 휴대전화를 꺼내 동영상을 촬영하겠다고 말하고 동영상을 촬영한 후 소지품 검사 결과 멀티칼이 나오자 진정인은 나갔고, 경찰관이 박○○에게 칼은 앞으로 가지고 다니지 않았으면 좋겠다고 말하였으며, 피진정인 1이 박○○을 교실로 데려갔다.

3) 피진정인 1
2018. 4. 20.(금) 피해자와 피해자의 부모와 상담하였다. 피해자

의 부모가 "○○이(피해자)에 대하여 어떠한 말과 행동도 하지 않기를 원하고 학교폭력신고도 불사하겠다"는 의견을 박○○에게 전해달라고 하기에 "박○○이 어머니의 사과를 원하시면 어머니 핸드폰 번호를 알려드릴까요?"라고 묻자 피해자 모가 "네"라고 답하였다. 같은 날 박○○ 모에게 문자 메시지를 보냈고, 박○○ 모가 사과의사를 보이기에 피해자 모의 휴대전화 번호를 박○○의 모에게 문자메시지로 알려주었다. 피해자 모로부터 구두로 동의를 받아 휴대전화 번호를 박○○의 모에게 알려주었지만, 피해자 부의 연락처는 알려주지 않았다.

4) 피진정인 4

진정인이 2018. 4. 23. 학교폭력 신고를 하였다. 이를 박○○의 부모에게 전하자 박○○의 부모가 방문하여 박○○도 피해자에게 당한 것이 있다며 호소하였다. 동석했던 학교폭력전담경찰관이 갈등조정을 권유하여 신○○의 부모에게 조정의사를 확인하였으나 조정을 거부하였다. 박○○의 모가 2018. 4. 25. 15:30경 학교를 방문하여 피해자가 박○○에게 수업방해를 하여 스트레스를 호소하고 있다는 내용으로 학교폭력 신고를 하였다.

2018. 4. 26. 오전에 목격자 진술을 받았는데 그 과정에서 피해자가 박○○에게 욕설을 하였고 애교부리기를 하였다는 내용이 확인되었으나, 학습을 방해하였다거나 스토킹을 하였다는 주장에 대해서는 확인을 하지 못하였다. 학교폭력사안 조사 결과 확인된

내용에 대해서 학폭위에 회부한 것이지 아무런 가해사실이 확인되지 않았는데 학폭위에 회부한 것은 아니다.

3. 인정사실

진정인의 진술, 피진정인들의 진술, 참고인들의 진술, 학교폭력대책자치위원회 녹취자료, 2018. 4. 23. 박○○ 소지품 검사현장 촬영 동영상, 피진정인 1이 피해자와 박○○을 대상으로 작성한 상담록, 5학년3반 학생들의 확인서, 학폭위 회의록 및 녹취파일, 학폭위 결과 통지서 등에 의하면 다음과 같은 사실이 인정된다.

가. 피해자는 2018. 3. 15. 피진정인 1에게 짝인 박○○이 칼을 휘두르며 위협한다고 전하였다. 피진정인 1이 박○○에게 주의를 주었으나, 다음날 박○○이 수업시간에 칼을 꺼내놓고 책상을 긁는 모습을 보고 박○○의 칼을 압수하였다.

나. 피진정인 1은 2018. 4. 18. 박○○이 칼을 돌려달라는 요청을 하여 압수하였던 칼을 돌려주었다. 같은 달 19. 점심시간에 진정외 같은 반 학생 이○○이 박○○의 칼이 책상위에 있는 것을 보고 만졌으며, 이에 박○○이 칼에서 칼날을 꺼내들고 피해자와 이○○을 쫓아왔다. 피해자와 이○○은 5학년 3반 뒷문으로 나가 복도를 지나 여자화장실로 들어갔으며, 박○○은 5학년 2반 교실 부근에서 쫓아오는 것을 멈추고 5학년 3반 교실 앞문으로 들어갔다(이하 이 사건을 '4. 19. 사건'이라고 한다).

다. 피진정인 1은 2018. 4. 20.(금) 피해자의 부모와 면담하였다. 피해자의 부모는 박○○이 칼을 휘두르며 위협하고 따돌림을 주도한다는 민원을 전하고 조치를 요구하였고, 이에 피진정인 1이 박○○의 부모에게 민원을 전달하였으나, 2018. 4. 22.(일)까지 박○○의 부모는 피해자의 부모에게 아무런 연락을 취하지 않았다.

라. 피해자의 부모는 2018. 4. 23.(월) 09:00 교장실로 찾아가서 박○○의 소지품 검사를 요청하였음. 피진정인 2와 3은 학생의 소지품을 함부로 검사하는 것은 어렵다고 하였으나, 진정인이 학교전담경찰관을 학교로 불러서 소지품 검사를 요청하였고, 학교전담경찰관은 소유주의 동의를 받으면 소지품을 검사할 수 있다고 하였다. 이에 교장실 옆 회의실에서 피진정인 1, 2와 박○○이 동석한 가운데, 학교전담경찰관이 박○○의 동의를 얻어 박○○의 가방을 검사한 결과 멀티칼이 발견되었고, 이 모습을 진정인이 동영상으로 촬영하였다.

마. 진정인은 소지품이 발견되자 바로 학교폭력신고를 하였고, 피진정인 4가 이를 접수하여 박○○의 부모에게 전달하였다. 박○○의 부모는 같은 날 오후에 학교에 방문하여 피진정인 2과 학교전담경찰관이 동석한 가운데 상담을 하였고, 상담과정에서 조정에 대해서 안내받아 응하였으나 피해자의 부모가 조정에 동

의를 하지 않아서 조정이 이루어지지 않았다.

바. 피진정인 1은 2018. 4. 23. 5교시에 5학년 3반 학생 전원 28명 중 피해자와 조부상을 당하여 결석한 이○○을 제외한 26명의 학생을 대상으로 학교폭력관련 전수조사를 하였다. 박○○을 제외한 25명의 학생 중에 9명은 박○○이 피해자를 놀리거나 욕을 하였다는 내용의 진술을 하였고, 3명의 학생은 피해자가 박○○에게 욕을 하거나 때렸다거나 애교를 부린다는 내용의 진술을 하였다.

15명의 학생들은 피해자 또는 박○○과 상관없는 학교폭력 사안 및 다툼 등을 적거나 아무런 내용도 적지 않았다. 피진정인 4등 학교폭력 전담교사들은 피진정인 1이 실시한 설문조사를 기초로 2018. 4.26.과 27. 양일 간 11명의 5학년 3반 학생들을 참고인으로 조사하였다. 조사결과 11명의 학생들이 모두 박○○이 피해자를 놀리거나 피해자에게 칼을 휘두르는 것을 보았거나 들었다는 등의 진술을 하였고, 7명의 학생이 피해자가 박○○에게 욕을 하거나 급식실에서 서로 때리며 싸웠다는 내용의 진술을 하였다.

사. 같은 학교 5학년 O반의 OOO 학생이 그린 그림(왕자 차림을 한 남자아이에게 박○○이라고 적혀 있고, 말풍선에 "공주를 찾으러 가야지" 쓰여 있다)을 5학년 3반의 OOO 학생이 같은 반

여학생 6명이 대화하는 카카오톡 단체대화방에 올렸다. 이를 본 5학년 3반의 ○○○ 학생이 2018. 4. 20. 피해자에게 위 그림을 피해자가 그린 것인지 물어보았으나, 피해자가 자신이 그린 그림이 아니라고 하였다. 이에 대해서 피진정인 1은 2018. 4. 23. 단체대화방에 올라와 있는 그림 등을 확인하였다.

아. 박○○의 모는 2018. 4. 25. 16:30경 학교를 방문하여 피진정인 4에게 피해자로부터 박○○이 "다수의 언어폭력(욕 등), 수업시간에 그 친구의 행동으로 인해 수업방해 및 스트레스 호소, 선생님께 여러 번 애로사항 호소(그 친구의 행동을 인해)" 등의 피해를 입었음을 주장하며 학교폭력을 신고하였다. 피진정인 2는 같은 날 18:00경 피해자의 모에게 피해자가 학교폭력 가해자로 신고 되었음을 알렸다.

자. 진정인은 2018. 4. 25. 15:00경 피진정인 2에게 분리조치를 요구하였다. 인정사실 아.항과 같이 같은 달 26. 학교폭력전담기구의 조사결과 박○○이 피해자에게 칼을 휘두르는 등의 폭력이 있었다는 진술을 확보하여, 피진정인 3은 같은 날 「학교폭력예방 및 대책에 관한 법률」(이하 '학폭법'이라고 한다.)제17조제4항에 따라서 박○○에게 신고 학생에 대한 접촉, 협박 및 보복행위 금지 조치를 결정하고 같은 달 27.부터 학폭위 개최 전까지 박○○에게 별도 수업을 진행하였다.

차. 2018. 5. 3. 17:00 ○○초등학교 1학년 2반 교실에서 학폭

위가 개최되었다. 학폭위에는 학교전담경찰관이 위원으로 참석하였고, 진정인이 선임한 변호사가 참석하였다. 박○○의 부는 구두로 학교전담경찰관이 같은 해 4.23. 부모의 동의를 받지 않고 박○○의 소지품을 검사하였기에 편향적이라는 이유로 위원에 대한 기피신청을 하였으나 기피결정이 이루어지지 않았고, 진정인이 선임한 변호사에 대해서도 기피신청을 하였으나 기피결정이 이루어지지 않았다.

학폭위 심의결과 피해자와 박○○ 모두에게 피해학생에 대한 보호조치 및 가해학생에 대한 조치가 다음과 같이 결정되었고 그 결과 박○○은 2018. 5. 10. 5학년 1반으로 학급이 교체되었다 카. ○○초등학교는 학부모 등 외부인이 방문시 행정실에서 교내방문일지를 작성하고 방문증을 발급하고 있다. 교내방문일지는 발급일, 방문증번호,사용자 성명, 연락처, 방문사유, 반납확인 등을 작성하도록 되어 있다.

2018.4. 19.부터 5. 8.까지의 기간 동안 진정인은 4. 24.과 학교폭력 대책자치위원회가 개최되었던 5. 3.에 자신의 성명과 연락처를 교내방문일지에 작성하였다. 5. 3.에는 진정인과 진정인의 배우자가 작성한 인적사항 바로 아래에 상대 학생 박○○의 부모인 오○○와 박○○이 각각 자신의 인적사항을 작성하였다.

5. 판단

가. 진정요지 가 피진정인들이 피해자를 보호하지 못하였다는 진정과 관련하여, 피진정인 1이 2018. 3. 16.부터 2018. 4. 18. 까지 약 한 달이 넘는 기간 동안 박○○의 멀티칼을 압수를 취한 사실이 확인되었다.

한편 '4. 19. 사건'과 관련하여, 진정인은 사건 당시 박○○에게 피해자와 함께 위협을 당하였던 참고인의 진술 및 녹취자료를 증거로 제시하였는데,위원회 조사 시 참고인은 사건 당시 박○○의 멀티칼을 보고 이게 뭐냐고 물으면서 만지자 박○○이 칼을 뽑아들고 자신과 피해자를 향해 달려왔다고 진술하여, 피해자가 피진정인 1에게 보호를 요청하자 보복을 하는 과정 박○○피해학생의 보호 제16조 제1항 : 학급교체가해학생에대한 조치

제17조 제1항 제1호 : 서면사과

제17조 제1항 제2호 : 접촉, 협박, 보복행위 금지

제17조 제3항 : 특별교육 이수(학생 4시간, 학부모 4시간)

에서 '4. 19. 사건'이 발생하였다는 진정인의 주장과 발생 원인에 차이가 있다. 또한 참고인은 '피진정인 1이 피해자의 요청을 묵살하였다는 자필 확인서'를 작성한 경위에 대해서, 피해자가 피진정인 1이 자신의 도움을 묵살하였다고 말한 적이 있어서 알고 있는 것일 뿐 이를 직접 목격한 것은 아니며, 확인서 작성시 피해자에게 들어서 이미 알고 있는 내용을 작성한 것이지 직접 본 것을 적은 것은 아니라고 진술하였다.

그 밖에 5학년 3반 여학생 단체 대화방에 그림을 올려서 피해자를 놀렸다는 내용도 참고인에 의하면 다른 반 학생이 그린 그림을 올린 것을 보고, 그 그림을 피해자가 그린 것인지 알고 물어본 것에 불과하다고 진술하였다.

2018. 4. 23. 피진정인 2와 3이 박○○의 소지품 검사를 거부하였다는 내용과 관련하여, 피진정인 2와 3은 박○○의 부모가 사전연락도 없이 당일 갑자기 교장실로 찾아와서 박○○이 칼로 피해자를 위협하고 있다고 주장한 상황이었기에 상세한 정황을 파악하지 못한 가운데, 「경기도 학생인권 조례」에 학생 소지품 검사를 하지 말도록 규정되어 있는데, 한쪽 부모의 이야기만 듣고 소지품을 검사하는 것은 어렵다고 안내한 것에 불과하며, 추후 정황을 파악하고 학교전담경찰관이 동석한 뒤에 소지품을 검사하였다고 주장한다.

이러한 상황을 종합할 때, 당사자 간 주장이 상반되는 가운데, 피진정인 1, 2, 3이 박○○의 위협 등으로부터 피해자를 보호하지 않았음을 입증할 수 있는 객관적인 증거나 참고인의 일관성 있는 진술 등이 없으므로, 이 사건은 사실이라고 인정할 만한 객관적인 증거가 없는 경우로 판단하여 기각한다.

나. 진정요지 나
피진정인들이 학교폭력 사안을 조직적으로 축소·은폐하려고 했다며 진정인이 이유로 제시한 내용에 관하여, ① 피해자 모의 연락처를 피진정인 1이 상대 학부모에게 전해준 것은 확인되나, 피해자의 모와 피진정인 1과의 2018. 4. 20. 상담당시 녹취 파일이나 증인들이 없으므로, 자세한 대화내용을 확인할 수 없는 가운데, 사과를 요구하는 과정에서 사과의 전달방법에 오해가 있을 수 있어 피진정인 1이 연락처를 전달한 것으로 보인다.

또한 이후 박○○의 부모가 학교에 방문하여 교내방문일지를 작성하면서 이미 기재되어 있던 진정인의 연락처를 알게 된 것으로 학교에서 직접 알려준 것은 아님이 확인되었다.

② 학폭법에 학교는 학교폭력 사안을 신고 받으면 이를 학폭위에 회부하여 학교폭력의 인정여부 및 조치사항을 논의하도록 규정하고 있으므로, 누구든지 학교폭력사안을 신고하면 학교는 이를 학폭위에 회부할 수밖에 없다. 학교에서 상대 학부모에게 직접 학교폭력 사안을 신고하도록 강요하거나 유도하였다는 직접적인 증언이나 증거가 없는 한 상대 학부모가 학교폭력을 신고하였다는 사실만으로는 학교에서 상대 학부모와 공모하여 학교폭력 신고를 하도록 공모하였다고 볼 수 없다.

③ 학폭위 이후 분쟁조정을 시도한 것과 관련하여, 상대 학부모는 본인이 해당 사안은 분쟁조정을 통해 해소할 수 있을만한 사안이라고 생각하여 신청한 것이라고 주장하고 피진정인들은 이

러한 신청에 따라서 조정을 시도하였으나
진정인이 조정을 거부하였기에 조정이 이루어지지 않은 것이라고
주장한다.

④ 피진정이 4가 상대 학생이 칼을 휘둘렀음에도 들고 있었다
고 보고하고 학폭위에서 진정인 등이 발언하지 않은 내용을 마치
발언한 것처럼 기록하였다는 등 축소보고 하였다는 내용과 관련
하여, 녹취록과 회의자료 및 학폭 위 회의록 등에 진정인이 주장
한 내용이 일부 확인되나, 학폭위에서 진정인과 피해자가 그리고
상대 학생 측이 각기 자신의 입장을 충분히 설명하였다는 점, 그
리고 학폭위 회의록은 학폭위에서 심의 의결이 종료된 뒤에 작
성되는 것으로 이러한 학폭위 회의록이 회의 결과에 영향을 미쳤
다고 볼 수는 없다.

당사자 및 참고인들이 상반되는 진술을 하는 가운데, 상대 학
부모와 공모하여 학교폭력 사안을 조직적으로 축소·은폐하려고
하였다는 진정인의 주장을 입증할 수 있는 객관적인 증거가 없
다. 따라서 이 사건 진정은 사실이라고 인정할 만한 객관적인 증
거가 없는 경우로 기각한다.

의견표명국가인권위원회는 이 사건의 조사과정에서 교내방문일
지 관리가 소홀하여 학부모 등 방문자들의 개인정보가 유출될 가
능성이 있음을 확인하였다.

이러한 관행이 단지 피진정학교 뿐만 아니라 관내 다른 학교들에서도 존재할 수 있어서 이에 대한 주의를 환기하고, 관련 기관의 자발적 개선을 촉구하기 위하여「국가인권위원회법」제25조 제1항에 따라 의견을 표명하기로 결정하였다.

「헌법」제10조는 모든 국민은 인간으로서의 존엄과 가치를 가지며 행복을 추구할 권리를 가진다고 규정하고 있고, 같은 법 제17조는 모든 국민은 사생활의 비밀과 자유를 침해받지 아니한다고 하고 있는바, 이들 헌법 규정에 의해 보장되는 개인정보자기결정권은 자신에 관한 정보가 언제, 누구에게, 어느 범위까지 알려지고 또 이용되도록 할 것인지를 그 정보 주체가 스스로 결정할 수 있는 권리이다.

개인정보를 수집과 관리를 담당하는 기관은 수집한 개인정보의 유출로 인한 사생활 침해 방지 등 개인정보를 보호하기 위해서 그 취급과 관리에 상당한 주의를 기울여야 할 필요가 있다. 이러한 주의의무는「개인정보보호법」에 구체적으로 규정되어 있다. 「개인정보보호법」은 개인정보를 수집 관리하는 기관에게 개인정보의 수집이용(제15조), 제공(제17조), 파기(제21조) 방법을 규정하고 있으며, 특히 개인정보가 도난, 유출(제29조) 되지 않도록 규정하여 개인보호를 강력하게 보호하고 있다.

피진정학교는 학생들을 보호하기 위한 목적으로 행정실에서 학교에 출입하는 사람들의 방문목적, 성명, 연락처 등이 담긴 교내 방문일지를 작성하도록 하고 있다. 그러나 방문자에게 앞서 출입한 사람들의 개인정보가 담긴 방명록에 이어서 작성하게 함으로써, 앞서 출입한 사람의 성명과 연락처 등 개인정보가 노출되고 있다. 이러한 관리 관행은 학부모 등 방문자들의 개인정보 자기결정권을 침해할 가능성이 매우 높다. 특히 이 사건의 경우처럼 교내방문일지를 보고 학교폭력사건 상대 학부모의 개인정보를 수집하여 이용하는 경우가 생기지 않도록 보다 주의하여 개인정보를 관리할 필요가 있다.

6. 결론

이상과 같은 이유로 이 사건 진정은 「국가인권위원회법」 제39조 제1항 제1호에 따라 기각하고, 같은 법 제25조 제1항에 따라 주문과 같이 의견을 표명하기로 결정한다.

학교폭력 신고자에 대한 교사의 부적절한 조사 등(17진정0331900)

> **[판단 요지]**
>
> 피진정인이 피해자를 면담함에 있어서 피해자의 관점으로 다른 학생들이 없는 별도의 안정적인 장소에서 피해자를 면담하는 등 보다 세심한 주의가 필요했다고 판단한 사례

I 인권위원회 결정

1. ○○초등학교 교장에게, 소속 교사들이 학교 폭력 사건 대응 시 보다 세심한 주의를 기울일 수 있도록 관련 직무교육을 실시할 것을 권고한다.

2. 진정요지 나항은 기각한다.

II 결정 이유

1. 사건경위

가. 진정인은 피해자의 아버지이고 피해자는 ○○초등학교 1학년 학생이다. 피해자의 담임 교사인 피진정인 1은 피해자에게 같

은 반 학생이 있는 교실 안에서 학교폭력 피해사실을 진술하도록
하였다.

이 때문에 피해자는 여학생들이 듣고 있는 것이 창피하여 폭행
사실을 제대로 진술하지 못하고 오히려 "이겼다는 기분이 들었
다"는 등의 진술을 하였다. 이러한 상황에서 작성된 진술서는
2017. 3. 31. 개최된 학교폭력대책자치위원회 (이하 '자치위원회'
라 한다.)에 제출되었고 가해 학생들은 아무런 조치도 받지 않게
되었다.

나. 자치위원회 회의록에는 CCTV 동영상에서 진정인의 자녀
가 괴로워하는 모습과 잡혀 있다가 빠져나온 모습 등에 대해 "힘
을 과시하려 했다", "폭력에 관대하게 웃으며 대수롭지 않게 넘
겨야한다" 등의 자치위원들의 발언 내용이 기록되어 있다. 이러
한 발언은 학교폭력 피해자에 대한 인권침해적인 발언이다.

2. 당사자의 주장
가. 진정인
위 진정요지와 같다.

나. 피진정인1
방과 후에 남도록 하거나 수업 중에 따로 부르면 피해자에게
더 부담을 줄 것 같아 쉬는 시간에 면담을 하였다. 또한 갓 입학
한 1학년 학생들이라 쉬는 시간에도 담임교사가 돌보아야 하는
등의 사유로 피해자를 별도의 공간으로 데리고 가지 못하였다.

당시 피해자를 제외한 나머지 학생들 20명 은 교실 뒤쪽에서 평소처럼 나무블록 쌓기 놀이를 하고 있었다.

교실 앞쪽에 있는 피진정인의 책상과 교실 뒤쪽 놀이 공간 사이에는 책걸상이 있고 5~6m 떨어져 있어 뒤에 있는 아이들이 면담내용을 들을 수 있는 상황도 아니었다.

당시 피해자를 폭행한 가해 학생들은 모두 타 학교 학생들이라 관련된 학생들이 교실에 있었던 것도 아니었다. 피해자를 상담하면서 피해자가 심리적 긴장상태를 느끼지 않도록 최대한 배려하였다.

나. 피진정인 2
자치위원들은 관련 사례나 견해를 밝혔을 뿐 피해자의 인권을 무시하는 발언은 없었다.

3. 인정사실
진정인의 진술, 피진정인의 답변서 등을 종합하면 다음과 같은 사실이 인정된다.

가. 피진정인 1은 2017. 3. 21. 10:30경 피해자와 같은 반 학생들 20여명이 있는 교실에서 피해자와 관련된 학교폭력 사안에 대하여 피해자와 면담하였다. 당일 작성된 '사안조사서'에 의하면 피진정인 1이 피해자에게 "싸울 때 든 생각이나 느낌은?"라고 질문하였고, 피해자는 "제가 다 이길 수 있을 것 같은 생각으로

했어요. 저도 넘어뜨리고 발로 차기도 했어요. 제가 모두를 넘어
뜨려서 이긴 것 같은 느낌이 든 날이었어요." 라고 답하는 내용
이 기록되어 있다.

나. 2017. 3. 31. 개최된 자치위원회 회의록에 의하면, 피해자
의 학교폭력 사안이 관련 학생들의 보호자 의견 청취, 학원
CCTV 동영상 분석 등을 토대로 심의되었다.

다. 위 자치위원회 회의록에 의하면, ○○○ 자치위원의 발언
으로 "저는 아들 한명을 키우고 있습니다. 그 아이도 운동신경이
별로 없어요. 지금은 2학년인데 1학년 때 아들도 남자아이들 여
섯 명이랑 싸우고 와서 멍이 든 것을 본적이 있거든요. 저는 그
런데 항상 그런 일이 생겨도 대수롭지 않게 열린 마음으로 대해
야 하겠다는 생각을 가지고 있었기 때문에 웃으면서 넘겼거든요.
○○이는 조금 저의 아이와 다른 것 같아요. 왜냐하면 마음을 아
파하고 있으니까요", "저도 동영상을 보면서 기억이 남는 부분이
○○이가 남학생 여러 명을 밀친 후 자세를 딱 잡는 부분이 있었
는데 그런 자세를 잡는 부분이 동영상 전체에서 세 번 정도 나옵
니다. 그런 부분을 보면 ○○이 역시 힘을 과시하려는 느낌, 놀
이하는 느낌을 받았습니다." 라고 기록되어 있다.

4. 판단
가. 진정요지(1)

진정인은 피진정인 1이 피해자에게 반 학생들이 듣고 있는 교
실에서 학교폭력 피해사실을 진술하도록 하였는데, 피해자는 같

은 반 학생들이 폭행을 당한 사실을 듣는 것이 창피하여 오히려 이겼다는 기분이 들었다고 진술하는 등 피해 내용이 축소되었다고 주장하고 있다.

이에 대해 피진정인 1은 초등학교 1학년 담임교사로서 당시 반의 다른 아이들도 돌봐야 했으며, 다른 아이들은 놀이에 열중하여 피해자와의 대화 내용에 관심이 없을 것이라고 생각했다고 주장하는데, 이러한 피진정인 1의 주장을 이해하지 못할 것은 아니다.

그러나 피해자의 관점에서 생각해 보면 교실 안에 여러 친구들이 있다는 사실 자체만으로 피해자가 상당한 심리적 위축을 느낄 수 있고, 나아가 친구들이 면담 내용을 들을 수 있다는 생각에 피해 내용을 제대로 설명하지 못했을 가능성도 충분히 있다. 교육부에서 발간한「학교폭력 사안처리 가이드북」은 학교폭력 피해학생 상담 시 유의사항으로 2차 피해 예방을 위해 관련학생 상담 또는 조사과정 등이 주위에 알려지지 않도록 유의하고, 초등학교 저학년 등 심리적으로 불안전한 학생 등 상황전달 및 자기표현이 부족할 수 있는 학생들에 대해서는 안정적인 분위기를 조성하는 등 더욱 세심하게 배려해야 한다고 안내하고 있다.

위 지침에서 초등학교 저학년 상담 시 특별한 주의를 안내하는 취지도 이 사건 진정과 같은 상황의 예방을 위한 것이라 할 수 있다.

이러한 점에서 피진정인 1이 피해자를 면담함에 있어서 피해자의 관점으로 다른 학생들이 없는 별도의 안정적인 장소에서 피해자를 면담하는 등 보다 세심한 주의가 필요했다고 판단된다.

다만 피진정인1의 행위에 고의성이 있었다고 볼 수 없고 피해자의 학교폭력 사안에 대한 조치는 학교폭력과 관련한 학생의 보호자들의 의견을 청취하고, 학교폭력이 발생한 장소인 학원 CCTV 동영상 분석 등 종합적인 분석과 심의에 의한 것으로서 진정인의 주장과 같이 피해자의 진술서만으로 '조치 없음'의 결정이 났다고 할 수 없는 점 등을 고려하여, 피진정인 1에 대한 권고는 하지 않기로 하고, 학교장에게 유사사례 재발 방지를 위해 주문과 같이 권고한다.

나. 진정요지(2)

자치위원회는 학교폭력 여부를 심의하고 관련자에 대한 조치를 결정하는 심의 기구로서 각 자치위원들은 학교폭력 사안에 대한 각자의 의견을 자유롭게 제시할 수 있고, 과반수의 찬성으로 최종 의결이 된다. 따라서, 위 인정사실과 같은 자치위원들의 발언들은 학교폭력 사안에 대한 개인적 견해로서 피해자의 「헌법」제10조의 인격권 등 기본권을 침해한 행위로 볼 수 없다.

5. 결론

이상과 같은 이유로「국가인권위원회법」제44조 제1항 제1호 및 제39조 제1항 제2호의 규정에 따라 주문과 같이 결정한다.

학교폭력 조치사항의 학내게시로 인한 인권 침해(13진정0790300)

> **[판단 요지]**
>
> 학교폭력을 예방하고, 이를 통하여 청소년을 학교폭력으로 부터 보호하기 위한 목적이라면 개인이 식별되지 않도록 하면서 사례의 소개만으로도 충분히 그 효과를 달성할 수 있는 다른 수단, 예컨대 일정기간 동안 발생하였던 학교폭력의 사례를 교육에 활용하거나 다른 학교에서 발생한 학교폭력의 사례를 활용하여도 학교폭력의 예방이라는 목적 달성이 충분히 가능할 것으로 판단된다.
>
> 따라서 피진정인이 개인 식별이 가능한 정도로 학교폭력 사례를 학내 게시판에 게시한 행위는 기본권 침해의 최소성 원칙에 반하는 것으로「헌법」제10조에서 보장하는 피해자의 인격권을 침해하였다고 판단된다.

Ⅰ 인권위원회 결정

1. 진정요지 가항 및 나항은 각하한다.
2. 진정요지 다항과 관련하여 아래와 같이 권고한다.

가. 피진정인에게, 학교폭력 사례를 학내 게시판에 게시하는 등 학교폭력예방활동을 함에 있어 특정인이 식별되지 않도록 주의할 것

나. ◇◇광역시교육감에게, 이와 유사한 사례가 재발하지 않도록 관내 학교에 대한 지도감독을 철저히 할 것

Ⅱ 인권위원회 결정 이유

1. 진정 요지

가. 피해자는 2013. 9. 23. 발생한 학교폭력의 직접 당사자가 아니며, 친구를 돕기 위하여 옆에서 욕설을 하였을 뿐인데, 피진정인이 이러한 사정을 고려하지 않고 학교폭력 당사자들과 동일한 조치를 한 것은 부당하다.

나. 피진정인은 학교폭력대책자치위원회(이하 '자치위원회')를 같은 해 10. 1. 개최하면서 피해자의 부모에게 의견진술의 기회를 보장하지 않았고, 자치위원회의 요청에 따른 조치사항을 같은 달 8. 피해자의 부모에게 통지하면서 관련 법령에 의한 불복절차를 고지하지 않았다.

다. 피진정인은 같은 달 15. 학교폭력에 대한 조치사항을 학내에 게시하여 피해자의 인격권을 침해하였다.

2. 당사자 및 관계인의 주장요지

가. 진정인

위 진정요지와 같다.

나. 피진정인

1) 진정요지 가항 및 나항 관련,

2013. 9. 23. 12:55경 학교 도서실에서 진정외 A에 대하여 B, C, D 및 △△△(이하 '피해자') 사이에 시비가 벌어졌는데, A와 B는 직접 머리채를 잡고 싸우고, 피해자는 B편에서 욕설로 가담하고, C와 D는 이를 관망하였다. 이에, 피진정학교에서는 같은 달 30. 피해자의 어머니에게 문자메시지로 자치위원회의 회의에 참석하도록 안내하였고, 같은 해 10. 1. 16:00 피해자의 이모가 회의에 대리 참석하였다.

자치위원회에서는 4명이 직접 싸움에 가담하지 않았더라도 곁에서 집단으로 함께 싸움을 관망한 것으로도 위협의 존재가 되므로 심각하게 다루어야 할 사안이며, A와 B가 일대일로 싸우면 피해자가 당연히 말려야 함에도 B와 함께 A에게 도서실, 교실, 화장실 등의 장소에서 지속적으로 과도한 언어폭력을 한 것은 신체접촉보다 더 큰 마음의 상처를 주는 행동에 해당한다고 하였다.

2) 진정요지 다항 관련,

피진정인은 어떠한 이유에서든지 학내에서 발생하는 폭력은 근절되어야 하고 폭력은 반드시 처벌을 받는다는 것을 모든 학생들에게 알리고, 학교폭력에 대한 경각심을 일깨워 주기 위한 교육적 차원에서 교내 게시판에 조치결과를 게시하였다. 이와 같은 게시는 인근 학교에서도 관행적으로 하고 있으나, 이번 사건을 계기로 새로운 방법으로 개선하도록 하겠다.

4. 인정사실

피진정인과 진정인의 진술, 학교폭력전담기구의 사안보고서, 자치위원회의 회의록, 목격자 진술서, 행정심판 청구서 및 답변서에 의하면 다음과 같은 사실이 인정된다.

가. 진정요지 가항 관련,

1) 2013. 9. 23. 12:55경 피해자는 B, C, D와 도서관에서 서로 이야기하던 중, A는 위 4명이 자신을 놀리는 것으로 오해하여 상호 시비를 하다가 B가 슬리퍼를 A에게 던지고 B와 A가 머리카락을 잡고 발로 차며 서로 싸움을 하였으며, B의 옆에 있던 피해자는 A에게 "○○년이 돌았나?" 등의 욕설을 하며 B를 옹호하였고, C와 D는 이를 방관하였다.

2) 같은 해 10. 1. 자치위원회 회의에 참석한 피해자는 B가 A에게 맞는 것을 참지 못해 욕설을 했고, 다음날 화장실과 교실에서 담임선생님이 만류하였음에도 A에게 욕설을 하였던 사실을 인정하면서, 자치위원회 위원이 피해자에게 A와 화해를 하고 대

화할 마음이 있느냐는 질문에 피해자는 A와 서로 성격이 맞지 않아 대화할 이유가 없다고 거절하였으며, 자치위원회에 참석한 피해자의 이모는 선처를 부탁한다는 의견 외에 다른 진술이 없다.

3) 자치위원회는 위 사안을 심의한 뒤 A와 B는 쌍방폭행으로 '사회봉사 5일, 외부기관 특별교육 5일, 학부모 특별교육 4시간'의 조치를, C와 D는 특별한 욕설과 행동이 없어 '서면사과'의 조치를 의결하고, 피해자에게는 담임선생님이 A와 접촉 금지를 지시하였음에도 지속적으로 A에게 욕설을하였다는 사유로 A, B와 동일한 내용의 조치를 의결하였다.

나. 진정요지 나항 관련,
피진정인은 자치위원회의 의결에 따라 2013. 10. 8. 피해자의 부모에게 조치사항을 서면으로 통보하였고, 진정인은 피진정인의 조치과정에 절차적 하자가 있음을 이유로 같은 달 17. ◇◇광역시교육청 행정심판위원회에 피진정인의 조치의 취소를 구하는 행정심판을 청구하였다.

다. 진정요지 다항 관련,
피진정인은 2013. 10. 15. ~ 10. 19. 학내 게시판에 학교폭력 징계사유 및 징계내용을 기술하였다.

5. 판단
가. 진정요지 가항 관련,
「학교폭력예방 및 대책에 관한 법률」(이하, '학교폭력예방법') 제

17조의2에서 전학이나 퇴학 외의 가벼운 조치들에 대하여 재심을 허용하지 아니하는 이유는, 가해학생과 피해학생 사이의 갈등 상황을 신속히 종결하여 관련 학생들의 보호와 치료·선도·교육에 매진함으로써, 조기에 관련 학생 모두가 정상적인 학교생활에 복귀할 수 있도록 하기 위한 것임을 적극 고려할 때

1) 「학교폭력예방법」에 규정된 불복절차에 의하지 아니하고, 피진정인의 조치내용에 대한 경중의 문제로 위원회에 진정하는 경우에는 동법에서 의도하는 입법 취지가 훼손될 수 있는 바, 이는 위원회에서 조사하는 것이 적절하지 않은 경우에 해당하여 「국가인권위원회법」제32조 제1항 제7호에 따라 각하한다.

나. 진정요지 나항 관련,
진정인은 2013. 10. 17. ◇◇광역시교육청 행정심판위원회에 우리 위원회 진정과 동일한 내용으로 행정심판을 청구한 바, 이는 진정이 제기될 당시 진정의 원인이 된 사실에 관하여 법률에 따른 권리구제 절차가 진행 중인 경우에 해당하여 「국가인권위원회법」제32조 제1항 제5호에 따라 각하한다.

다. 진정요지 다항 관련,
1) 관련 기본권성
「헌법」제10조에서는 모든 국민은 인간으로서의 존엄과 가치를 가지며 행복을 추구할 권리가 있음을 보장하고 있으므로, 인간은 누구나 각자의 자유의지에 따라 스스로 운명을 개척하고 자신의 인격을 자유롭게 발현하며행복을 추구해 갈 수 있다.

그리고 개인의 사회적 인격상은 여러 가지 정보에 의해 상당한 영향을 받게 되는데, 특히 인격에 중대한 영향을 미칠 수 있는 정보가 외부에 공개될 경우 개인의 사회적 인격상이나 평판에 큰 영향이 미치므로 이러한 정보는 원칙적으로 정보주체 스스로 결정할 수 있어야 한다. 따라서 개인의자유로운 인격발현을 위해서는, 자신의 사회적 평판과 인격상에 영향을 미칠 수 있는 정보에 관하여 스스로 결정할 수 있는 권리가 보장되어야 하고, 국가와 지방자치단체 등은 이를 최대한 보장할 책임과 의무가 있다.

　이 사건「학교폭력예방법」에 의한 조치사항의 공개는 스스로 밝히기 꺼리는 내밀한 내용을 일반에 공개하여 개인의 인격상에 관한 자기결정권을 제한하는 결과를 가져오므로「헌법」제10조에서 유래하는 개인의 인격권에 제한이 발생하였다고 판단된다.

　2) 과잉금지원칙에 대한 검토
피진정인의 피해자에 대한 인격권의 제한 행위가 그 목적과 방법 등에 있어서「헌법」제37조 제2항에서 규정한 과잉금지원칙에 어긋나는지 여부를 살펴보면, 피진정인은 학내에서 발생한 폭력은 반드시 처벌 받는다는 것을 모든 학생에게 알림으로써 학교폭력에 대한 경각심을 일깨워주기 위한 교육적 목적으로 조치사항을 학내 게시판에 게시하였다고 주장하나, 피진정인의 위와 같은 목적은 유사한 학교폭력을 예방하고, 이를 통하여 청소년을 학교폭력으로부터 보호하기 위한 의미로 한정되었을 때만 그 정당성이 인정될 수있고, 개인의 신상에 관한 정보를 일반 학생들에게 공개하는 조치를 함으로써 학교폭력의 가해자에게 창피를 주고 일반 학생들에게는 심리적 강제 효과를 거두는 데 목적이 있다고 한다면, 이는 '사회적 낙인'과 같은 수치형에 해당되는 것이므로, 개인의 자유로운 개성발현과 인격형성을 목적으로 하는 공교육의 현장에서는 그 목적의 정당성이 인정되기 어렵다.

그리고 인정사실에 의하면, 피진정인은 피해자를 포함한 3명의 학생들에 대한 조치사항을 학내에 게시하면서 "3학년 김○○, 3학년 황○○, 3학년 채○○"과 같이 성명의 일부를 익명처리 하였으나, 한정된 공간에서 오랫동안 함께 생활을 하고, 교우관계를 통해 쉽게 정보 습득이 가능하다는 학교환경의 특성으로 볼 때, 성명의 일부를 익명으로 처리한다 하여도 다른 정보와 결합할 경우 해당 학교에 재학하는 학생이라면 특정인을 식별하거나 그 범위를 한정할 수 있다고 판단된다. 그리고 학년과 성명을 모두 지우고 폭력행위별 조치사항만을 게시한다 하더라도 학교폭력 사건이 발생한 2013. 9. 23.에 근접하여 10. 15.에 조치사항을 게시하는 경우, 사건의 발생일과 조치한 일자와의 시간적 근접성으로 인하여 대상자가 누구인지, 어떤 조치를 받았는지를 식별하는 것이 어렵지 않다.

따라서, 학교폭력을 예방하고, 이를 통하여 청소년을 학교폭력으로부터 보호하기 위한 목적이라면 개인이 식별되지 않도록 하면서 사례의 소개만으로도 충분히 그 효과를 달성할 수 있는 다른 수단, 예컨대 일정기간 동안 발생하였던 학교폭력의 사례를 교육에 활용하거나 다른 학교에서 발생한 학교폭력의 사례를 활용하여도 학교폭력의 예방이라는 목적 달성이 충분히 가능할 것으로 판단된다. 따라서 피진정인이 개인 식별이 가능한 정도로 학교폭력 사례를 학내 게시판에 게시한 행위는 기본권 침해의 최소성 원칙에 반하는 것으로「헌법」제10조에서 보장하는 피해자의 인격권을 침해하였다고 판단된다.

5. 결론

이상과 같은 이유로 진정요지 가항 및 나항 부분은「국가인권위원회법」제32조 제1항 제7호 및 제5호에 따라 각하하고, 진정요지 다항 부분은 같은 법 제44조 제1항 제1호의 규정에 따라 권고하기로 하여 주문과 같이 결정한다.

참고문헌(참고사이트)

- 대법원홈페이지(https://www.scourt.go.kr/)
- 사법정책연구원(https://jpri.scourt.go.kr)
- 서울고등법원(https://slgodung.scourt.go.kr)
- 대전고등법원(https://djgodung.scourt.go.kr)
- 대구고등법원(https://dggodung.scourt.go.kr)
- 부산고등법원(https://bsgodung.scourt.go.kr)
- 광주고등법원(https://gjgodung.scourt.go.kr)
- 국가인권위원회(https://www.humanrights.go.kr)